KB199958

# 믿음의 정석

# 믿음의 정석

지은이 | 이기용
초판 발행 | 2024. 1. 24
등록번호 | 제1988-000080호
등록된 곳 | 서울특별시 용산구 서빙고로65길 38
발행처 | 사단법인 두란노서원
영업부 | 2078-3352  FAX | 080-749-3705
출판부 | 2078-3331

책 값은 뒤표지에 있습니다.
ISBN 978-89-531-4777-5  03230

독자의 의견을 기다립니다.
tpress@duranno.com    http://www.duranno.com

두란노서원은 바울 사도가 3차 전도여행 때 에베소에서 성령 받은 제자들을 따로 세워 하나님의 말씀으로 양육하
던 장소입니다. 사도행전 19장 8-20절의 정신에 따라 첫째 목회자를 돕는 사역과 평신도를 훈련시키는 사역, 둘째
세계선교(TIM)와 문서선교(단행본·잡지) 사역, 셋째 예수문화 및 경배와 찬양 사역, 그리고 가정·상담 사역 등을
감당하고 있습니다. 1980년 12월 22일에 창립된 두란노서원은 주님 오실 때까지 이 사역들을 계속할 것입니다.

# 믿음의
# 정석

불확실한 인생길에서의 승리 공식

이기용
지음

두란노

# Contents

《믿음의 정석》은 저자의 신앙고백이다. 깊은 묵상과 기도 중에 무릎으로 쓴 책이다. 눈물과 애타는 마음으로 전하는 메시지다. 믿음으로 사는 것은 모험이다. 전 생애를 건 모험이다. 믿음은 현실을 직시하면서 현실을 초월하는 능력이다. 나이를 초월하는 능력이다. 인간의 한계를 인정하면서도 그 한계를 초월하는 능력이다. 그래서 이 세상은 꿈꾸는 자와 믿는 자가 움직인다.

저자는 지칠 줄 모르는 열정으로 복음을 전하는 분이다. 맑은 샘에서 생수가 솟구쳐 올라오듯 저자의 설교는 맑다. 신선하다. 고갈된 영혼에게 생수를 공급해 준다. 시인은 시를 남기고, 화가는 그림을 남긴다. 설교자는 설교를 남기고, 성도를 남기고, 교회를 남긴다. 저자는 설교를 통해 사람을 키우고 남기는 분이다. 섬기는 교회만이 아니라 조국 교회와 이민 교회를 위해 헌신하시는 탁월한 영적 지도자다.

이 책은 믿음의 대상이신 예수님을 증거한다. 예수님의 말씀을 믿고 순종케 만든다. 작은 믿음을 크게 키우고, 약한 믿음을 강하게 하고, 강한 믿음을 더욱 강력하게 만든다. 이 책은 영혼의 닻처럼 믿음을 통해 우리 영혼을 견고하게 만든다. 저자는 세 살 때 아버지를 잃은 아픈 과거를 갖고 있다. 하지만 저자의 고난은 믿음을 통해 영광이 되었고, 저자의 믿음은 아름다운 헌신을 통해 풍성한 열매를 맺고 있다. 이 책을 믿음의 정석을 배우길 원하는 분들에게 추천하고 싶다. 믿음을 키우고, 믿음을 통해 하나님의 기적을 경험하길 원하는 분들에게 추천하고 싶다. 하나님의 능력으로 인생 역전을 꿈꾸는 분들에게 추천하고 싶다. 회복을 넘어 부흥을 꿈꾸는 조국 교회와 이민 교회 목회자들과 선교사들에게 추천하고 싶다.

**강준민 목사**_L.A. 새생명비전교회 담임

믿음은 지식으로 배울 수 있는 것이 아니라 믿음으로 살아내는 사람을 통해서만 배울 수 있다. 이기용 목사님은 믿음으로 산다는 것이 무엇인지 사람들에게 알려주실 수 있는 믿음의 사람이다. 신길교회를 믿음의 공동체로 하나 되게 하셨을 뿐만 아니라, 이기용 목사님이 참여하는 모든 사역마다 믿음으로 하나 되는 역사를 이루고 계시다. 그래서 《믿음의 정석》은 불확실한 인생길에서 만나게 되는 여러 가지 시험과 고난 속에서 어떻게 믿음으로 살아가야 하는지를 구체적으로 안내하는 영적 안내서가 될 줄로 확신한다.

**이재훈 목사**_온누리교회 위임

믿음을 가지고 세상을 살아가는 일은 쉽지 않다. 우리는 종종 시련을 만나며 쉽게 낙심하고는 한다. 인생에 어떤 문제가 찾아올지라도 흔들리지 않고 굳건한 그리스도인으로 바로 서기 위해서는 '살아 내는' 믿음이 필요하다. 이기용 목사님은 성경 전체를 아우르며 먼저 믿음의 삶을 치열하게 살아낸 인물들을 우리에게 전해 준다. 이들이 겪었던 삶은 먼 과거의 이야기, 문자적인 이야기가 아니다. 오늘을 살아가는 우리의 이야기다. 이 책을 통해 독자들이 불확실한 세상 속에서 순전한 그리스도인으로 살아갈 소망과 힘을 얻길 기대한다.

**김병삼 목사**_만나교회 담임

저자를 만나면 언제나 꿈과 활력이 넘친다. 자꾸 만나고 싶은 매력이 있다. 그것은 바로 그가 믿음의 사람이기 때문이다. 믿음의 사람에게는 이성과 환경을 초월하는 힘이 있다. 오늘날은 신앙마저 이성과 합리에 왕좌를 내주고 있다. 과학과 이성을 신(神)인 것처럼 섬긴다. 믿음의 생각, 믿음의 글들이 희귀해지고 있다. 이런 때에 믿음의 생각이 담긴 저자의 글들은 잠자는 우리의 믿음을 깨워 준다. 의심과 침체의 구렁으로 내모는 이성과 합리를 꾸짖으며, 하나님을 바라보며 신뢰하라고 소리친다. 이 책을 통해 믿음의 사람 이기용 목사님의 보배 같은 믿음이 전염되는 것을 경험할 것이다.

**이인호 목사**_더사랑의교회 담임

그가 말하면 그렇게 살았을 것 같은 사람이 믿음의 사람이다. 그가 행하면 분명 하나님이 그렇게 하라고 하셨기 때문일 거라고 생각하게 만드는 사람이 믿음의 사람이다. 그는 삶이 말하게 하는 사람, 그 안에서 작동하는 믿음이 그로 하여금 살게 하는 사람이다. 나는 그런 믿음의 사람의 책을 추천하는 기쁨을 누린다. 우리의 믿음은 모두 사실 하나님의 믿음이다. 믿음은 '실패한 인생'은 없게 하실 만큼 광대하신 하나님의 현존에 감싸이는 거다. 하나님은 헤아려지지 않는 고통보다 크시다. 따라서 그 믿음은 헤아려지지 않을 때도 그가 옳으시다는 분명한 사실에 이끌림 받는 거다. 그리하여 매일 마주하는 일상을 '하나님의 옳으심' 위에서 시작하고 진행하는 거다. 이를 위해 우리는 비워져야 한다. 시몬 베유가 '진정한 겸손이란 하나님 바깥에서 존재하기를 거절하는 것'이라고 했듯이, 오직 자기가 비워져 하나님께 두텁게 감싸인 믿음만이 '정석'이다. 그 믿음은 결국 우리를 세상의 존재 근원이자 이유와 목적, '세상을 세상 되게 사람을 사람되게 하는 사랑'으로 인도하고야 말 것이다. 그것이 믿음의 정석이고, 인생을 인생 되게 하는 유일한 길임을 글과 삶과 존재로 역설하는 이기용 목사님의 메시지에 공감하고 감동한다.

가슴이 이끌리는 믿음의 통찰을 통해 다시 시작할 수 있기를 기대하는 모든 이들에게 기쁨으로 추천한다.

**정갑신 목사**_예수향남교회 담임

우리 육체에 오장육부가 있듯이 우리 믿음에도 오장육부가 있다. 예수님을 만나기 전에는 믿음이 우리 안에 없기에 눈으로 보고 귀로 듣고 손으로 느껴지는 것만 인정하고 판단의 근거로 삼았다. 그러나 우리가 예수님을 믿는 순간 우리 안에 믿음이 들어왔다. 그리고 그 믿음은 신비한 감각을 지녔기에 육신의 눈으로는 보이지 않는 것이지만 믿음으로 눈으로는 보이게 된다. 육신의 귀로는 들을 수 없는 음성이 믿음의 귀에는 들리고, 지나가는 바람 같은 성령의 임재도 믿음의 감각으로는 느낄 수 있다. 우리는 믿음으로 하나님을 보고, 그 음성을 듣고 믿음의 심장으로 담대하게 순종할 수 있다. 몸은 피곤하지만 믿음의 근력은 지칠 줄 모르고 우리를 그리스도 앞으로 달려가게 한다. 그래서 성경은 믿음이 없이는 하나님을 기쁘시게 할 수 없다고 했다.

이기용 목사님은 '믿음'이라는 추상명사를 물질명사로 사는 분이다. 이기용 목사님을 만나고 나면 잠자는 믿음이 깨어나고, 식은 믿음이 뜨거워지며, 흐려진 믿음의 시력이 회복된다. 이기용 목사님처럼 순수하게 하나님을 믿고, 말씀을 그대로 따르며, 말씀대로 목회하는 분은 흔치 않다. 삶으로 건져 올린 믿음의 정석들을 하나하나 설교로 풀어내고, 드디어 책에 담았다. 믿음의 감각을 회복하기를 원하는 신자들에게 적극 추천한다.

**최병락 목사**_강남중앙침례교회 담임, 월드사역연구소 소장


아프리카에서 복음을 증거하며 《사하라의 불꽃》이라는 시대의 명작을 남긴 샤를르 드 푸코(Charles de Foucauld)는 모든 그리스도인에게 이런 도전을 한다. "하나님을 믿는 그리스도인으로서 가장 어려운 일은 무엇입니까?"라는 질문에 푸코는 스스로 이렇게 답변한다.

믿음의 정석

"하나님을 믿는 그리스도인으로서 가장 어려운 일은 바로 하나님을 믿는 것입니다."

믿음이란 주제는 그리스도인들에게 가장 필요한 주제이면서도 가장 적용이 어려운 주제이다. 코로나 상황을 지나면서 수많은 교회와 그리스도인들이 이 믿음의 시험을 거쳐 왔다. 이런 도전에 대한 답변으로 이기용 목사님의 이 책은 신구약을 넘나들며 믿음의 선조들이 위기 상황을 마주했을 때 어떻게 믿음으로 승리할 수 있었는지를 흥미진진하게 보여 준다. 동시에 자신이 일상에서 겪은 크고 작은 도전들 속에서, 하나님이 주신 믿음의 무기를 어떻게 활용했는지를 간증한다. 그래서 우리는 믿음을 삶으로 살아 낸 이기용 목사님을 '믿음의 사람'이라 부르기를 주저하지 않는다. 히브리서 11장 말씀처럼 믿음이 없이는 우리는 어떤 것도 불가능하다. 그러나 그리스도 안에 있는 믿음은 그 어떤 것도 가능하다. 불확실성 시대에 살아가며 염려와 근심 가운데 있는 모든 사람에게 이 책을 강력히 추천한다.

**최성은 목사**_지구촌교회 담임

불확실한 인생길에서
믿음으로 산다는 것은

군 생활 중에 있었던 일이다. 김 일병이라는 바로 직속 고참과 함께 한밤중에 보초를 서다가 신앙에 관해 대화를 나눈 적이 있다. 그때 하나님은 살아계신 분이라고 말하면서 그에게 믿음 생활할 것을 권유했었다. 김 일병은 나를 물끄러미 바라보면서 "하나님이 어디 계시냐?"라며 도리어 나에게 반문했다. 나는 잠시의 머뭇거림도 없이 당돌하리만치 "저를 보면 모르시겠습니까?"라고 하며 순간적으로 나 자신도 당황스러운 대답을 하고 말았다.

그 시절에는 제일 아래 기수가 설거지를 했는데, 나는 그 기수가 지났을 때였지만 아래 기수와 함께 식기를 세척하곤 했다. 전도 대상자인 그들을 섬기고 싶은 마음에서 그렇게 했었는데, 그 장면이 문득 떠올라서 나도 모르게 그런 대답이 나왔던 것 같다. 나의 대답을 들은 김 일병은 잠시 생각에 잠기더니 가만히 고개를 끄덕이는 것이 아닌가! 그다음 주일에 김 일병은 나와 함께 교회에 가게 되었다.

세상 사람들 대부분이 자신의 눈으로는 영이신 하나님을 직접 볼 수 없다. 그래서 하나님은 시대마다 신실한 믿음의 주자를 세우셔서 하나님의 살아계심과 하나님이 어떠하신 분인가를 그들 각각의 삶을 통해 보여주시고 증명하기를 원하셔서, "나는 … 아브라함의 하나님, 이삭의 하나님, 야곱의 하나님"(출 3:6)이라고 세상을 향해 자신을 증거하셨다. 하나님의 성호 앞에 사람의 이름을 앞세우신 것은 아브라함의 시대에는 아브라함을 통해, 이삭의 시대에는 이삭을 통해, 야곱의 시대에는 야곱을 통해 증거하고 계시하신 것처럼, 오늘날에도 하나님은 누군가를 통해 하나님을 드러내기를 원하신다.

어느 저명한 미래학자는 '코로나19' 팬데믹 이후에 모든 영역에서 '진짜'만 살아남는 시대가 될 것이라고 예견했다. 코로나19가 기존의 모든 판을 다 엎어버렸기에 새로운 판, 새로운 질서가 형성된다는 것이다. '탈종교화'가 만연해 가는 작금의 시기에 어떻게 보면 한국의 교회나 그리스도인들이 당면한 이 상황이 큰 위기이지만 오히려 기회가 될 수도 있겠다는 생각이 든다.

아름답고 웅장한 예배당들이 급매물로 많이 나오는 것만 보아도 '건물이 목회하는 시대'는 지난 것 같다. 이제는 외형보다는 그 안에 담겨 있는 진실함이나 진리의 내용물을 통해 경쟁력을 갖추는 것이 더욱 시급할 것이다.

기업을 잘 경영하기를 원하는 사람은 성공적인 기업가를 벤치마킹해야 하며, 목회를 잘하기를 원하는 사람은 목회를 잘하셨거나 잘하고 계시는 목회자를 롤모델로 삼아야 한다. 이처럼 믿음의 신실성을 가지고 복잡다단한 삶의 현장 속에서 잘 살아 내기를 원하는 사람은 믿음의 위인들과 성경 속 인물들이 직면했던 치열한 삶의 현실 속에서 어떻게 믿음의 정체성을 잃지 않고 자신의 삶을 살아 내었는지를 살펴보는 것이 최선이라고 생각한다.

코로나19 이후에 한국 사회에서 기독교나 그리스도인에

대한 신인도(信認度)가 21%(2023 기윤실 조사)까지 낮아졌다고 한다. 그렇지만 마냥 비관할 일은 아니다. 오히려 그동안 중요하지 않은 것에 매달려 왔던 이중적인 요소들을 다 떨쳐내고 순전함을 회복하기만 하면, 오히려 작금의 이 위기가 기회가 될 수 있다고 본다. 이 세상에는 진짜가 너무 희귀하기에….

종교개혁 초창기에 몇몇 종교개혁자들은 '믿음은 삶'이라는 주제 아래 기록된 〈야고보서〉를 '지푸라기 복음'이라고까지 폄훼한 적도 있었지만, 이제는 믿음으로 살아 내야 하는 삶이 가장 중요함을 부인할 사람은 거의 없다고 본다.

그러나 믿음으로 산다는 것은 결코 쉬운 일이 아니다. 이론이나 관념에 머무는 차원이 아닌, 가슴과 발로 실재적인 대가를 지불하며 자신에게 주어진 삶을 살아내야 하는 길이기 때문이다. 예수님도 믿음의 길은 넓은 길이 아니라 '좁은 길'이라고 말씀하셨다. 삶의 한복판에서 믿음으로 산다는 것은 어떻게 보면 많은 신앙의 위인들이 그랬던 것처럼 적지 않은 희생과 고난도 감수해야 하는 길이라고 본다. 그 길을 묵묵히 걸어가는 이들, 또한 그 길을 가야만 하는 이들을 일으켜 세우고 격려하는 데에 이 책이 조금이나마 도움이 되었으면 한다.

나는 참 복이 많은 사람이다. 아내와 자녀들로부터 전폭적인 지지와 사랑을 받을 뿐만 아니라 목회 현장인 신길교회의 장로님들과 교우들, 그리고 부교역자들을 통해 최고의 지지와 격려를 받고 있기 때문이다. 신길교회 문서선교위원회의 허완 장로님과 교정팀의 헌신과 수고로 이 책이 세상에 나오게 되어 특별히 감사의 마음을 전한다.

또한 세상에서 바쁜 스케줄 속에도 그리스도의 사랑과 위로와 격려가 어떠한지를 정성 어린 추천사를 통해 보여 주신 강준민 목사님을 비롯한 여러 목사님의 섬김과 사랑을 평생 간직하며 살아야 하는 빚진 마음이 내 마음 한쪽에 깊이 자리 잡는다.

주님 앞에 설 때까지 끝까지 믿음으로 살아 내고 싶은 부족한 사람의 글을 정성 어린 편집으로 섬겨 주시고 출판해 주신 두란노 관계자분들께도 깊은 감사를 드린다.

2024년 1월
이기용 목사

Part
1

믿음의 열매

심은 대로 거둔다

# 믿음으로 심으면
# 하나님이 맺게 하신다

─────────────────────────────── ○

홍수 심판 직후, 노아와 가족들은 방주에서 나와 하나님께 예배(번제)를 드린다. 그때 하나님이 약속의 말씀을 주신다(창 8:20-22). 첫째는 사람의 악 때문에 땅을 저주하여 모든 생물을 멸하는 일을 다시는 하지 않으시겠다는 말씀이다. 둘째는 땅이 존재하는 동안에 심음과 거둠과 추위와 더위, 여름과 겨울, 낮과 밤 등 자연의 질서와 법칙을 유지하시겠다는 말씀이다.

'심음과 거둠', '추위와 더위', '여름과 겨울', '낮과 밤'으로 표현한 법칙들은 어찌 보면 자연의 법칙만이 아니라 이 땅의 인생들이 살아가면서 동일하게 겪는 인생 불변의 법칙이기도 하다. 하나님은 지구의 종말이 오기 전까지는 위와 같은 법칙을 유지해 주겠다고 약속하셨는데, 이것은 자연의 법칙을 주관하시는 분이 하나님이심을 알게 해준다.

## 모든 인생은 행한 대로 돌려받는다

　모든 인생은 때가 되면 자신이 심은 것을 거두게 된다. 어떤 사람은 인생이 불공평하다고 생각할 수도 있지만, 사실 하나님이 자연 질서를 통해 주신 약속의 교훈은 그 결과가 '정직하다'라는 것이다.

　무지한 사람은 자신이 심지 않은 것을 거두려고 한다. '콩심은 데 콩 나고, 팥 심은 데 팥 난다'라는 말이 있듯 좋지 않은 것을 심어 놓고 좋은 것을 거두려고 한다든지, 심은 지 얼마되지 않았는데 조급하게 열매를 거두려고 하는 자세는 모순적이고 요행을 바라는 태도다. 이러한 요행을 바라는 삶의 태도는 하나님이 정하신 '불변의 법칙'에 어울리지 않는다. '법칙'은 모든 사물과 현상에 내재하는 보편적이고 필연적인 인과 관계를 의미한다. 언제 어디서나 누구에게든지 동일한 결과로 주어지는 것이 법칙이다.

　그러므로 오늘이라는 삶의 현장 속에서 자신이 심고 있는 것이 무엇인지를 살펴보아야 한다. 좋은 말을 하면 좋은 말의 열매가 주어지고, 친절한 미소로 응대하면 상대방으로부터 친절한 미소가 돌아온다. 누군가에게 내뱉은 좋지 않은 말은 언젠가 그 자신에게 상처를 안겨 주는 공격적인 독설로 돌아온다.

섬김의 삶도 마찬가지다. 누군가를 섬기면 자신에게 그대로 돌아온다. "그러므로 무엇이든지 남에게 대접을 받고자 하는 대로 너희도 남을 대접하라"(마 7:12)라는 황금률과 같이, 모든 인생은 자신이 누군가에게 행한 것으로 언젠가 돌려받게 되어 있다. 그래서 사람들은 시간이 지나서 후회의 탄식을 내뱉기도 하고, 생각지도 못한 축복으로 놀라운 감격을 맛보기도 한다.

사람은 누구나 자신의 삶을 사랑하고, 풍성한 삶이 되기를 소원한다. 한 인생에 있어서 너무 늦은 때는 없다. 따라서 매일 반복되는 삶 속에서 지금부터라도 자신의 미래를 위해 투자하거나 심는다는 확고한 생각으로 좋은 말을 하고, 좋은 삶의 태도로 살아 내야 한다. 많이 심은 자는 많이 거두고, 적게 심은 자는 적게 거두게 된다(고후 9:6)고 한 것처럼 오늘 나에게 주어진 시간에 충실하며 좋은 것들을 많이 심고 다른 이들을 섬겨야 한다. 하나님 앞에도 좋은 것들을 믿음으로 심으면 좋은 열매가 되어 돌아올 것이다.

## 누구나 희망을 노래할 수 있다

다른 사람과 비교하면서 열등의식을 갖거나 패배감에 젖

어 자신의 삶을 비관하는 사람들이 있다. 인생은 불공평하다는 생각에 사로잡혀 있는 사람도 많다. 이들의 특징은, 현재 자신이 처한 위치나 그 위치에 대한 사람들의 평가가 불공평하다고 생각하는 것이다. 경쟁 자체가 '기울어진 운동장'에서 이루어진다고 인식하기 때문이다.

물론 일면으로는 충분히 이해된다. 그러나 믿음의 사람은 하나님이 정하신 법칙, 인생 불변의 법칙에 더 집중해야 한다. 비록 현재의 삶은 너무나 부족할지라도 내일 거둘 열매를 생각하면서 매일의 삶을 심는다는 생각으로 오늘을 살아가다 보면 반드시 좋고 풍성한 열매를 거둘 때가 올 것이다.

법칙에는 예외가 없으며 모든 사람에게 적용된다. 따라서 모든 사람은 자신이 처한 현실의 상황을 뛰어넘어 좋은 것들을 많이 심으면서 내일의 희망을 노래할 수 있다. 요셉은 열일곱 살의 나이에 노예로 팔려가서 13년 동안 처절한 삶을 살았다. 그의 인생은 노예 생활을 하다가 누명까지 쓰고 감옥 생활을 하는 가장 비참한 밑바닥 인생처럼 보였다. 하지만 하나님은 그가 어릴 때 믿음으로 꾸었던 꿈(형들의 곡식 단이 요셉의 단을 둘러서서 절하는 꿈)이 그대로 이루어지도록 역사하셨다.

조카 롯이 떠난 후 광야에 덩그러니 남아 있던 아브라함에게 하나님은 동서남북을 바라보라고 말씀하시면서 그가 바라보는 것을 다 주겠다고 약속하셨다. 아버지의 집을 떠나 아무엇도 내세울 것이 없던 아브라함에게 어마어마한 하나님의 약속이 주어진 것이다. 아브라함이 하나님의 약속을 믿음으로 바라보고 나아갈 때 하나님은 아브라함을 믿음과 희망의 상징적 존재가 되도록 축복하셨다(창 13:14-17).

## 심은 후에는 반드시 거둔다

심는다는 것은 미래를 위한 준비이고, 거둔다는 것은 과거에 심은 것에 대한 결과다. 모든 사람은 언젠가 심는 일과 거두는 일을 동시에 하게 된다. 이것이 심고 거둠의 법칙이다. 따라서 우리는 현재에 심는 일에만 몰두해서도 안 되고, 거두는 일에만 몰입하다가 심는 일을 소홀히 해서도 안 된다. 세계적인 기업들도 앞으로 다가올 20~30년 후를 전망하면서 연구·개발에 엄청난 투자를 한다. 그들도 심고 거둠의 법칙을 아는 것이다.

미래 인재 양성을 위한 투자도 마찬가지다. 한 사람의 내일에 대한 가능성을 기대하며 사람에게 투자하는 것이 당장은 미련해 보일 수 있다. 그러나 세계를 선도하는 나라들은 가난한 나라의 젊은이들을 불러서 무상으로 교육받을 수 있는 기회를 제공한다. 지금 심으면 나중에 더 많이 거두게 된다는 것을 알기 때문이다. 그렇게 베풀고 섬기는 나라가 결국 전 세계의 주도권을 잡게 되는 것이다.

교회도 선교하고 구제하는 일이 힘들더라도 믿음으로 그 일을 잘 감당할 때 역동성이 살아난다. 그리고 하나님도 그런 교회에 좋은 리더를 주신다. 리더 한 사람이 잘 세워지면 교회가 살아난다. 이것은 기업이나 국가도 마찬가지다. 그래서 미래의 인재 양성에 투자하는 것이다.

20대 초반에 성령을 받고 기도하던 어느 날, 하나님이 온 세계를 다니면서 복음을 전하는 데 나를 쓰시겠다는 말씀을 주셨다. 그때부터 나는 영어에 능통해야 한다는 생각으로 영어 성경을 읽기 시작했다. 가난한 신학생이었지만 꿈을 가지고 국제 기드온협회에서 무료로 배포하는 영어 성경을 가지고 다니며 읽고 또 읽었다. 그때 이후 세계 복음 전파에 대한 거룩한 부담이 있었기 때문에 미래를 위해 심는다는 생각으로 지금까지 매일 영어 성경을 읽고 있다. 지금은 세계 군선교위원회를 비롯해서 외국인들을 대상으로 설교해야 하는 자리로부터 종종 초청을 받는다. 그럴 땐 아직 많이 부족하지만 감사함으로 응한다. 그렇게 영어로 복음을 전하다 보면 그 가운데 주시는 특별한 은혜를 경험하곤 한다.

## 성장과 결실은 하나님의 은총이다

심음과 거둠 사이에는 수많은 변수가 작용한다. 아무리 좋은 것을 많이 심어도 수많은 변수 탓에 기대만큼 못 거두는 일이 생기기도 한다. 바울은 고린도교회가 초창기에 분파를 이루던 모습을 보고 영적으로 분노하며 고린도서를 썼다. 복음 전도자인 바울은 심는 역할을 하고, 목양자인 아볼로는 가르치며 물을 주는 역할을 했지만, 이들 모두 하나님의 도구일 뿐이고 결국 그것이 자라고 열매 맺게 하시는 분은 하나님이라는 고백을 한 것이다(고전 3:6-7).

우리는 절대로 교만하면 안 된다. 병충해, 재해, 전염병, 사탄의 역사 등 우리가 어떤 상황을 만나게 될지는 예측할 수 없지만, 하나님이 허락하시면 어떤 상황에서도 열매를 맺을 수 있다. 농부는 농사를 지으면서 수없이 많은 병충해와 자연재해를 만난다. 또 과수원에 수확을 앞둔 열매가 가득해도 태풍이 불면 하루아침에 실과가 다 떨어진다. 황금빛으로 물든 논의 벼들도 비바람이 불어닥치면 순식간에 쓰러지고 홍수에 잠길 수 있다. 우리가 씨앗을 뿌리고 심어도 결국 열매는 하나님이 맺게 하신다는 것을 인정해야 한다. 우리 삶의 현장에서 '내 힘만 가지고 되는 것이 아니구나. 하나님의 은총의 역사가 반드시 필요하구나'라는 사실을 반드시 기억해야 한다.

## 무엇을 심어야 할까?

창세기 18장에서, 아브라함은 나그네를 발견하자 즉시 달려 나가 선대(善待)하다가 자신도 알지 못하는 중에 하나님과 천사들을 대접하여 복을 받았다. 그러고는 "내년 이맘때… 네 아내 사라에게 아들이 있으리라"(창 18:10)라는 약속을 받았다. 호흡이 있는 동안은 심고 거두는 일을 계속해야 하는 것이 모든 인생을 향한 하나님의 뜻이다.

우리나라도 하나님께 복을 많이 받았으니 이제부터는 그 복을 나누고 섬기는 나라가 되어야 한다. 우리도 또한 오늘부터, 아니 지금부터 즉시 나에게 주어진 삶의 현장 속에서 날마다 좋은 것들을 심어야 한다. 그렇다면 무엇을 심어야 할까?

**첫째, 좋은 말을 심어야 한다.** "그들에게 이르기를 여호와의 말씀에 내 삶을 두고 맹세하노라 너희 말이 내 귀에 들린 대로 내가 너희에게 행하리니"(민 14:28)라는 말씀처럼, 하나님은 우리가 말한 것을 듣고 그대로 행하신다. 말만 잘해도 복을 주신다는 것이다. 그렇다면 우리가 살아가면서 하나님께 복을 받는 것이 얼마나 쉬운 일인가? 선물을 준 사람이 선물 받은 이로부터 진정한 감사의 표현을 들으면 다음에는 더 좋은 선물을 주고 싶어할 것이다. 말은 미래의 씨앗이다. 감사의 말을 습관화하면 감사를 표현할 수밖에 없는 상황과 사건이 자꾸

만 생겨난다. 하나님은 우리 믿음의 태도를 보시기에 늘 감사의 말, 믿음의 말을 해야 한다.

**둘째, 좋은 만남을 심어야 한다.** 모든 만남에는 우연이 없고 하나님의 섭리가 있다. 아브라함과 나그네들의 만남도 우연이 아니었다(창 18장). 지혜로운 사람은 누구와의 만남이라도 소중하게 여길 줄 안다.

**셋째, 좋은 섬김을 심어야 한다.** 섬기고 베푸는 것은 하나님이 보시기에 좋은 씨앗이 된다. 인간의 마음은 섬기기보다 섬김을 받고 싶어 하지만, 성경은 먼저 섬기면 으뜸이 된다고 가르친다(막 10:43-45). 그리고 예수님은 자기 목숨을 많은 사람의 대속물로 주는 종의 리더십으로 우리를 섬겨 주셨다. 그 결과 우리는 예수 그리스도를 주로 고백하고 그분께 경배하는 것이다.

**넷째, 좋은 예물을 심어야 한다.** 지혜롭지 못한 사람은 당장 빠져나가는 것만 보고 계산하지만, 지혜로운 사람은 나의 소유가 내 것이 아님을 알고 하나님께 믿음으로 드리며 심는다. 나중을 바라볼 줄 아는 것이다.

나는 신학대학원 시절 내내 장학금을 받으며 공부했다. 미국의 이름 모를 한 가정에서 후원해 주셨기 때문이다. 자료가 없어 그분들을 찾지는 못했지만, 후에 나처럼 미국의 가정으로부터 장학금을 받으며 공부했던 분의 간증을 들은 적이 있다. 그분은 훗날 수소문하여 후원자를 찾아 인사드리러 갔다가 큰 감동을 받았다고 했다. 알고 보니 시골에 사는 노부부가 매점 아르바이트를 하면서 한국의 젊은 신학생을 키우기 위해 매월 선교비를 보낸 것이었다. 그래서 그분들을 양부모님으로 모시게 되었다는 이야기를 들었다.

하나님 앞에 드리는 예물은 씨앗을 심는 것과 같다. "심는 자에게 씨와 먹을 양식을 주시는 이가 너희 심을 것을 주사 풍성하게 하시고 너희 의의 열매를 더하게 하시리니"(고후 9:10)라는 말씀처럼 하나님은 심는 자에게 씨앗도 주고, 먹고살 것도 풍성하게 주겠다고 하신다. 역사적으로 보면, 선교를 많이 하는 나라와 민족은 세계적인 패권 국가가 되어 왔다. 하나님은 그렇게 역사하시는 분이다.

**다섯째, 기도를 심어야 한다.** 우리의 기도는 허공에서 없어지는 것이 아니다. 예수님은 "너희가 기도할 때에 무엇이든지 믿고 구하는 것은 다 받으리라 하시니라"(마 21:22)라고 말씀하셨다. 믿음의 기도는 때가 되면 반드시 응답이 된다.


## 결실을 얻기까지 인내가 필요하다

결실은 우리가 기대하는 시간 내에 얻을 수 없을지 모른다.

때때로 추수의 때는 더디 찾아온다. 더 좋은 열매는 익는 데 더 오랜 시간이 걸린다. 귀하고 좋은 열매는 숙성의 시간이 필요한 법이다. 그러나 분명한 것은 주님의 때가 오면 반드시 열매를 맺게 된다는 사실이다.

사람도 마찬가지다. 하나님께 쓰임 받기까지 무르익는 시간이 필요하다. 때로 그 시간은 고난을 통해 찾아온다. 마치 스트라디바리우스(Stradivarius)와 같다. 스트라디바리우스는 1700년대 전후에 활동하던 안토니오 스트라디바리(Antonio Stradivari)가 만든 바이올린, 비올라, 첼로 등의 현악기를 통칭하는데, 300년이 훨씬 지난 지금도 보존이 잘되어 아름답고 청아한 음색을 자랑한다. 그래서 많은 연주자로부터 사랑받으며 고가에 거래되곤 한다. 이 악기들이 소리가 아름답고 청명할 수 있는 데에는 이유가 있다. 1645년부터 1715년 사이 '소빙하기(小氷河期)'의 혹독한 추위를 이겨 내면서 형성된 가문비나무 재료의 높은 밀도 덕분이다. 사람도 이처럼 혹독한 시련과 고난을 통과해야 단단해진다.

우리 민족도 역사적으로 무수히 많은 외세의 침입을 받았지만, 그 고난으로 인해 강인한 민족성이 생기고 하나님의 축복을 받아 흥을 아는 민족이 되었다. 슬픔을 아는 사람이 진정한 흥을 알고 남을 기쁘게 할 수 있다. 다윗에게도 많은 고통과 슬픔의 과정이 있었지만, 하나님을 신뢰하고 의지하며 그 과정을 잘 견뎌 냈다. 인내와 견딤의 고통 뒤에는 반드시 하나님이 축복하시는 보상이 있다. 그러니 인생을 두고 불공평하다고 말할 수 없는 것이다.

이러한 인생의 법칙들을 깨닫게 되면 어떤 상황도 수용할 수 있는 성숙함이 우리에게 주어진다. 또한 모든 상황을 긍정적으로 바라보는 지혜를 얻게 된다. 자신에게 주어진 상황이나 사건을 거부하거나 부정적으로 생각해서는 안 된다. 요셉은 13년 동안의 노예 생활과 감옥 생활을 받아들였고, 다니엘은 포로로 잡혀간 상황을 받아들이면서 매일 예루살렘 성전을 향해 기도했다. 또 어떤 삶이든 심은 대로 거두기에 늦은 때는 없다. 모세는 80세부터 쓰임 받았다. 호흡이 있는 동안에는 계속 심고 거두게 되는 것이다. 내 때에 거두지 못하면 자녀의 때에, 또 다음 세대에 거두게 된다는 긍정적 태도와 가치관을 가져야 한다.

우리는 영성 계발을 통해 감사지수를 높여야 한다. 그러기 위해서는 고난의 이유를 다 알지 못해도 감사할 줄 알아야 한다. 언젠가 아내와 택시를 타고 이동한 적이 있다. 목적지에 도착해서 우리는 기사님에게 안전하게 운행해 주셔서 감사하다는 인사와 함께 미터기에 찍힌 요금보다 조금 더 많은 금액을 드렸다. 그리고 잠시 후에 내가 그 택시에 휴대전화를 두고 내렸다는 사실을 깨달았다. 시간이 많이 흐른 뒤라 당황했지만 아내가 "하나님이 찾게 해 주실 테니 걱정 말아요"라고 침착하게 위로해 주었고, 그 말에 힘입어 전화를 걸었더니 기사님이 전화를 받았다. 다행히도 나는 휴대전화를 찾을 수 있었다. 기사님으로서는 귀찮을 수 있는 일이었을 텐데…, 너무나 감사했다.

그러다가 그런 생각이 들었다. 우리가 만약 택시를 타고 내리기까지 기사님에게 불친절했다면, 감사 인사를 전하지 않았다면 이런 호의를 받을 수 있었을까? 어쩌면 사소한 사건일 수 있지만, 이 경험을 통해 나는 심음과 거둠의 법칙을 다시 확인하게 되었다.

심음과 거둠의 법칙은 오늘도 계속 적용해야 한다. 심은 것이 내게 열매로 돌아오기 때문이다.

# 믿음 밭을 기경하라

    지도자가 바로 서면 나라의 기강이 확립되고 국력도 강화되지만, 반대로 그릇되고 준비되지 못한 지도자는 나라와 민족 전체에 부정적인 영향을 끼쳐 국력까지도 약해지게 한다. 이러한 일은 이스라엘 민족의 역사 속에서 반복되곤 했다.

    3천여 년 전, 하나님은 이스라엘 민족의 영적 지도자로 사무엘을 세우셨다. 그 이전에는 엘리가 대제사장으로서 이스라엘을 다스렸는데, 그 시기에 이스라엘은 하나님의 언약궤를 블레셋 사람들에게 빼앗기기도 했다(삼상 4:11). 블레셋을 비롯한 이스라엘 주변 나라들은 모세나 여호수아 시대 때 전쟁에서 승리하며 쫓아냈던 족속들이었다. 아브라함 때에 이미 블레셋의 왕 아비멜렉은 아브라함을 먼저 찾아와 화친을 맺자고 할 정도였다. 그러나 지도자의 무능력과 신앙의 붕괴 탓

에 이스라엘은 조상들이 쌓아 놓은 것들까지 무너뜨려 버리
는 지경에 이르게 되었다.


## 신앙의 문제를 바르게 진단하라

블레셋이 이스라엘 민족을 위협하던 때는 청동기에서 철
기시대로 넘어가는 때였다. 블레셋은 철병거로 무장하고 있
는데, 이스라엘 백성은 청동기로 만들어진 무기조차 변변한
것이 없었다. 그때 사무엘은 지도자가 되자마자 온 백성을 향
해 "미스바로 모이라"(삼상 7:5)라고 선포했다. 보통은 군사력을
체크하고 서둘러 무기를 준비하여 진지나 굴을 구축해서 기
습공격을 하는 게릴라전을 펼칠 것이다. 그런데 사무엘은 해
발 784m 고지대에 위치하여 훤히 드러나는 미스바로 온 백
성을 불러 모았다. 사무엘의 리더십이 인간적으로는 납득하
기 어려워 보이지만, 그에게는 "전쟁은 여호와께 속한 것"(삼
상 17:47)이며 인간(또는 나라와 민족)의 생사화복은 하나님의 손에
달려 있다는 믿음이 있었다.

사무엘은 성전에서 하나님을 만난 경험이 있다. 하나님을
만난 사람은 눈과 귀가 열린다. 요셉이 그러했던 것처럼 하나
님을 만난 사람은 남이 보지 못하는 꿈과 환상을 보게 된다.

하나님으로부터 강권적으로 부르심을 받고 나라와 민족의 리더로 세워진 사무엘은 성령의 은혜로 인해 '신앙과 삶'의 상관관계를 간파하는 혜안을 갖게 된다. 자기 민족이 이토록 주변 민족에게 괴롭힘과 침략을 당해 고통을 겪고 있는 원인이 바로 '신앙의 문제'에 있음을 확실히 진단한 것이다. 지혜로운 지도자나 인생은 삶에서 생기는 문제의 원인을 정확하게 끄집어낸다. 그리고 그것을 해결하는 길도 찾아낸다. 사무엘은 이스라엘 백성들의 부패하고 무너진 신앙에 대한 각성만이 민족을 살리는 길임을 확신했다. 이러한 사실을 간파하고 직시하여 백성들을 올바른 길로 끌고 가는 리더가 있다는 것은 그 공동체와 구성원들에게 크나큰 축복이다.

아브라함은 믿음의 사람이었다(창 15:6). 반면, 그의 아버지 데라는 노아와 같은 시대를 살았음에도 우상을 숭배하던 사람이었다(수 24:2). 우리나라도 민족의 전통문화에 대한 자긍심을 강조하지만, 실상은 많은 것이 우상숭배의 문화였다. 또 지난 역사 가운데 우리 민족이 외세의 침략을 수백 번이나 받았던 것은 국력이 약했기 때문일 것이다.

개인과 가정, 국가와 민족이 번성하려면 역사의 주관자가 되시는 하나님을 잘 믿어야 한다. 우리 민족도 역사적으로 기독교를 일찍 받아들일 기회가 있었지만, 지도자가 지혜롭지 못하고 눈이 어두워서 복음을 들고 오는 선교사와 선진 문물을 배척하고 받아들이지 않았다. 그러나 우리나라가 복음을 받아들이자 불과 수십 년이라는 짧은 기간 동안 압축 성장을 이루는 축복을 받았다. 하나님이 지혜도 열어 주셔서 기술력을 가진 제품들을 세계로 수출하는 나라가 되었다. 이처럼 하나님은 믿음으로 사는 자들의 삶을 인도하신다.

복음에는 하나님의 의가 나타나서 믿음으로 믿음에 이르게 하나니 기록된 바 오직 의인은 믿음으로 말미암아 살리라 함과 같으니라 롬 1:17.

## 이방신을 제거하라

사무엘은 이스라엘 온 족속에게 예외 없이, 위기에서 건짐 받는 길은 오직 하나님께로 돌아오는 것뿐임을 강조했다(삼상 7:3). 신앙은 차별이나 예외가 없는 영역이며, 당시 이스라엘 민족은 모두가 하나님께로 돌이켜야 하는 상황이었다. 이스라엘 백성은 하나님에 대한 신앙이 무너지면서 민족적으로나 개인적으로 심각한 위기와 고통을 겪게 되었다. 사무엘은 다시 회복할 수 있는 길이 신앙의 재건에 있음을 온 이스라엘 백성에게 촉구하며 다음과 같이 회복을 위한 처방을 내린다.

믿음의 정석

첫째는, 이방신들을 제거하라는 것이다. 이스라엘 백성들은 여호와 하나님만 섬겨야 하는 유일신 신앙으로 무장해야 했다. 그런데 그들은 비와 풍년을 가져다준다는 신 바알과, 아름다움과 유연성을 지닌 성(性)의 여신 아스다롯을 자연스럽게 받아들였다. 이 우상은 조상들이 정복하고 쫓아낸 가나안 거민들이 믿고 의지하던 것들이었다. 이것들을 숭배하는 제의(祭儀) 과정에는 음란한 성적 행위가 있는데, 이스라엘은 이런 문화까지 함께 받아들였다. 그러나 사무엘의 권고대로 그들은 바알과 아스다롯 같은 이방신들을 제거하는 일을 먼저 시작하였다.

이 세상의 문화도 당시와 비슷한 경향성을 띠고 있다. 바알과 아스다롯 같은 우상의 영향이 아직도 남아 성적으로 음란하고 타락한 방향으로 치닫고 있다. 마치 도덕적 부패와 성적인 문란함이 문화의 흐름인 것처럼 자리를 잡고 있다. 구원받은 하나님의 백성들이 거룩을 지키며 살아가기가 어려운 지경이다.

이러한 세태 가운데 '세상의 빛'의 사명을 감당해야 할 하나님의 백성들이 오히려 세상의 문화를 흡수하고 거기에 동화되어 빛을 잃어버리고 있다. 맛을 잃은 소금처럼 밖에 버려져서 사람들에게 밟히는 상황이 되고 말았다. 세속화로 인해 빛을 상실한 이 시대 교회 공동체에 "미스바로 모이라"(삼상

7:5)라는 사무엘의 말씀이 선포되어야 한다. 그리스도인인 우리에게 바알과 아스다롯 같은 우상을 과감히 제거하는 결단의 시간이 필요하다.

> 사무엘이 이스라엘 온 족속에게 말하여 이르되 만일 너희가 전심으로 여호와께 돌아오려거든 이방 신들과 아스다롯을 너희 중에서 제거하고 너희 마음을 여호와께로 향하여 그만을 섬기라 그리하면 너희를 블레셋 사람의 손에서 건져내시리라 삼상 7:3.

사무엘은 이스라엘 백성이 이방 신들과 성적으로 타락한 문화를 완전히 제거할 것을 촉구하였다. 세상의 신을 제거하고 던져 버릴 것을 강권하였다. 이런 결단은 지금 이 시대를 살아가는 우리 자녀 세대에게도 필요하다. 우리의 자녀들이 그리스도인이라는 정체성을 분명히 가지고 이 세대를 본받지 않고 빛의 자녀로 살 수 있기를 축복한다.

그리스도인들은 이 세대를 본받는 삶을 살기보다 세상 속에 하나님 나라를 구현하는 삶을 살아야 한다. 그럼에도 문화의 힘을 절대로 과소평가할 수 없다. 가랑비를 계속 맞으면 어느새 옷이 다 젖게 되는 것처럼, 자기도 모르게 발 딛고 살아가는 문화적 토양이 우리 내면과 삶 속에 스며들게 된다. 이로 인해 '문화 변동'이 한 사람이나 그 공동체의 내부에서 일어나게 되는 것이다.

우리 가족이 미국에서 생활할 때의 일이다. 둘째 딸이 초등학교 5학년이던 어느 날, 아이의 잘못된 행동을 꾸중한 일이 있다. 그런데 이 아이가 내 눈을 빤히 쳐다보는 것이 아닌가. 내가 살아 온 문화로는 꾸중 들을 때는 보통 고개를 숙여야 한다고 생각해 왔기에 나는 딸아이가 내게 반항하는 것이라고 오해했다. 그러나 아이의 삶 속에는 한국과 전혀 다른 서구 문화가 스며들었던 것이다. 내 삶에 들어온 문화적 변화도 컸다. 미국 가기 전까지는 빵이나 분식을 거의 먹지 않았는데, 미국에 사는 동안 나도 모르게 밀가루 음식과 친해져서 지금도 즐겨 먹고 있다.

이것이 바로 문화의 힘이다. 좋은 쪽이든 아니든 우리는 세상의 문화를 흡수하며 살아간다. 흡수된 문화에 대한 검증과 분별의 시간을 갖지 않으면 무분별하게 삶 속으로 들어온 세속 문화로 신앙의 근간까지도 흔들리는 상황을 만날 수 있다. 사무엘 선지자가 하나님의 말씀에 비추어서 '바알과 아스다롯'이라는 우상 신과 그 문화를 제거할 것을 이스라엘 백성들에게 촉구했던 이유가 바로 여기에 있다.

## 마음을 점검하라

이스라엘의 회복을 위한 *사무엘의 둘째 처방은, 마음을 여호와께로 향하는 것이었다.* 마음은 저장된 생각과 정보로 형성된 세계관을 수용하고, 그것에 지배되어 행동 양식과 사유의 방향을 결정하는 곳이다. 마음에 저장된 콘텐츠가 그 사람의 행동 체계를 작동시킨다. 마음 가는 방향으로 몸도 향하게 된다. 그렇기에 하나님도 그 무엇보다 더 인간의 마음이 중요함을 강조하셨다. 무릇 허황된 것을 빼앗고 지키는 것보다 마음을 지키고 다스리라고 강조하셨다.

> 노하기를 더디하는 자는 용사보다 낫고 자기의 마음을 다스리는 자는 성을 빼앗는 자보다 나으니라 잠 16:32.

하나님은 우리의 그 어떤 것보다 마음을 원하신다. 하나님은 외모가 아닌 중심을 보신다. 마음은 드러나지 않는 부분이라서 자칫 소홀히 여길 수 있다. 그러나 가장 중요한 영역은 마음이다. 소통은 바로 마음의 영역이다. 마음의 방향이 곧 삶의 방향이다.

하지만 마음이 언제나 청정지대인 것은 아니다. 마음이라는 호수는 언제나 오염에 노출되어 있다. 밖으로부터 더러운 것이 유입되기도 하고, 기존의 마음 깊은 곳에 자리 잡고 있는 죄성으로 인해 마음은 얼마든지 더러워질 수 있다. 우리는 달려가던 길을 멈추고 자신의 마음을 들여다보며 내면의 질서가 깨어지거나 무너지지는 않았는지를 점검해 보아야 한다.

차를 한두 시간쯤 운전해 가다 보면 경고 신호가 뜬다. 너무 오래 운전했기에 쉼이 필요하다는 사실을 자동차 시스템이 알아서 우리에게 알려 주는 것이다. 많은 사람이 이 경고를 무시하거나 간과하다가 큰코다치곤 한다. 마찬가지로 일탈의 순간이 찾아올 때, 우리 내면은 가장 먼저 적신호를 보낸다. 그것을 무시하면 호미로 막을 것을 가래로도 막기 힘든 상황을 맞이할 수 있다. 그때는 가던 길을 멈추고 우리의 마음 상태를 하나님의 말씀에 비추어 정기검진할 수 있어야 한다.

이 시대에 우리는 육의 정기검진만 중요하게 여기고 영과 혼의 검진은 소홀히 하는 경향이 있다. 그러나 내면의 적신호가 뜰 때 그 신호를 무시하지 말아야 한다. 달려가던 길을 멈추고 내 마음이 지금 어디를 향해 어떻게 달려가고 있는지 점검하는 시간을 가져야 한다. 사무엘은 마음이 얼마나 중요한지를 알았기에 온 마음을 여호와께로 향하라고 촉구하였다. 하나님께 돌아가라는 것이다.

## 하나님과의 관계를 회복하라

이스라엘의 회복을 위한 *사무엘의 셋째 처방은 여호와만 섬기라는 것이다.* 섬긴다는 것은 예배의 회복과 삶의 갱신을 의미한다. 인간은 하나님을 예배하도록 창조되었다(사 43:21). 예배가 무너지는 것은 창조의 목적이 붕괴되는 것과 같다. 즉 창조 질서가 파괴되는 것이다. 우리는 자연환경이 파괴되는 것은 매우 신경을 쓰지만, 창조 질서가 파괴되는 것은 쉽게 간과한다. 그러나 모든 문제는 근본적으로 창조 질서가 파괴되는 데에서 유래된다. 근본적이며 근원적인 문제에 대한 처방만이 인간의 문제를 해결하는 길이다. 근원적 문제는 예배의 무너짐에 있기에 그 해결의 열쇠도 예배의 회복에서 찾아야 한다.

**마지막으로, 사무엘은 미스바로 모이라고 하였다.** '미스바'는 '전망대'라는 의미로, 야곱이 귀향길에 삼촌 라반과 언약을 맺은 장소로 처음 등장한다. 아람어로는 '여갈사하두다'라고 칭하였으며, '갈르엣'(창 31:47-49)이라고도 일컬었던 미스바는 고지대이며, 예루살렘 북쪽 약 13km 지점에 위치한 베냐민 지파의 땅이었다. 많은 성읍 중에서 미스바가 선정된 이유는 이전부터 각지에 사는 이스라엘 백성들이 함께 모이기에 좋은 지리적인 이점 때문이었을 것이다.

미스바 성회를 통해 사무엘은 타락하고 피폐해진 이스라엘 사회를 하나님의 나라답게 바꾸는 대개혁을 이루고자 했을 것이다. 그리고 하나님과 이스라엘 사이의 깨어진 언약 관계를 새롭게 회복하는 대전환을 의도했을 것이다. 인간의 가치관과 삶의 갱신은 하나님과의 만남을 통해서 시작되고 이루어지기 때문이다.

> 5 사무엘이 이르되 온 이스라엘은 미스바로 모이라 내가 너희를 위하여 여호와께 기도하리라 하매 6 그들이 미스바에 모여 물을 길어 여호와 앞에 붓고 그 날 종일 금식하고 거기에서 이르되 우리가 여호와께 범죄하였나이다 하니라 사무엘이 미스바에서 이스라엘 자손을 다스리니라 삼상 7:5-6.

변변한 이동 수단이 거의 없던 당시의 상황에서 원근 각처의 이스라엘 백성이 고도가 높은 미스바로 모인다는 것은 보통 일이 아니었을 것이다. 그러나 이스라엘 백성에게는 미스바로 모이는 것이 선택사항(option)이 아니라 하나님의 부르심(calling)이었다. 하나님은 그곳에서 택한 백성들과 다시 시작하기를 원하셨다.

하나님과의 회복은 모든 부분이 회복되는 결과를 가져온다. 하나님은 자녀들이 주의 이름으로 함께 모이는 곳에 함께

하시고, 하늘의 신령한 은혜를 부어 주시겠다고 약속하셨다
(마 18:19-20; 시 133:1-3).

　　주의 날이 가까워질수록 모이기를 폐하는 사람들의 습관
을 좇지 말고, 미스바 성회에 모이듯이 더욱 모이기에 힘써 하
나님의 놀라운 은총과 복을 경험하기를 원한다.

# 믿음의 사람은 기도를 심는다

우리 삶의 현장은 영적 전쟁의 상황이며, 이 전쟁은 반드시 이겨야 하는 싸움이다. 전쟁에서의 승리는 우연히 이루어지지 않는다. 적이 누구인지, 적의 전략이 무엇인지를 아는 것과 아울러, 아군의 강점과 약점을 파악해야 승리할 수 있다.

마귀는 간교하며, 자신의 신분을 철저히 노출하지 않는 계략을 통해 성도와 교회, 나아가서 모든 세상을 멸망으로 이끌어 가고자 한다. 따라서 마귀는 다양한 경로를 통해 사람들을 파멸로 이끌며 하나님의 영광을 가리고자 시도한다. 다양한 방면의 권력자와 권세자들을 도구로 이용하기도 하며, 사람들의 가치관과 이념을 혼돈시키고 변질시키기 위해 각종 미디어나 문화 예술과 시스템을 사용하기도 한다. 사람들은 그것들이 마귀의 도구로 사용되고 있음을 모를 수 있다.

또 마귀는 각종 어두운 영들의 다양한 역사를 통해 사람들을 미혹시킨다. 다양한 이단들을 출현시키며 무속신앙과 혼탁한 세속주의 사상을 퍼뜨려 하나님의 영광을 가리고자 한다. 마귀의 궁극적 목표는 모든 사람을 하나님으로부터 떼어내어 지옥으로 끌고 가는 것이다. 마귀의 역사는 교묘하여 대부분의 사람은 그 계략을 알지 못한 채 당한다.

하나님은 마귀를 능히 이기신 분이다. 마귀는 하나님의 능력으로 인해 쫓겨났다. 마귀가 이 세상으로 침투하여 자신의 마지막 때까지 발악하며 하나님의 형상을 지닌 피조물, 즉 사람들을 멸망으로 이끌어 가는 것은 하나님을 대적하고자 시도하는 것이다. 이처럼 마귀는 항상 하나님의 자리를 넘본다.

하나님이 인간을 만드신 이유는 다른 어떤 피조물과 달리 하나님과 교통하도록 하기 위함이다. 우러러 하나님을 예배함과 아울러 하나님을 주로 모시고, 그분의 뜻을 이 땅에 이루어 드리는 것이 인간이 창조된 목적이다.

마귀는 이런 사실을 가장 견디기 힘들어한다. 따라서 다양한 수법으로 사람들이 하나님을 예배하며 경건에 이르는 삶(딤전 2:2)을 방해하고자 한다. 그래서 하나님의 백성들과 교회가 깨어 있어야 함을 성경은 강조하고 있다(엡 6:18).

## 기도가 무기다

에베소서 전체의 주제는 '교회'에 관한 것이다. 하나님은 에베소서 6장 말씀을 통해 교회가 영적 전쟁 한복판에 있으며, 이 싸움에서 이기기 위해서는 기도가 절대적으로 필요함을 강조하고 있다. 영화도 주인공은 마지막까지 남아 있는 것처럼, 마귀와의 영적 전쟁에서 가장 중요한 것이 바로 '기도'다. 예수님이 귀신 들린 아들을 둔 아버지의 요청으로 그에게 붙었던 귀신을 쫓아내신 후, 그 비결을 궁금해하는 제자들에게 하신 말씀만 보아도 기도가 얼마나 중요한지 알 수 있다.

이르시되 기도 외에 다른 것으로는 이런 종류가 나갈 수 없느니라 하시니라 막 9:29.

결국, 기도가 마귀와 어둠의 영적 세력들을 쫓아내는 가장 절대적인 무기임을 역설하셨다. 창세기 49장을 보면 야곱이 말년에 열두 명의 아들에게 예언적 축복기도를 하는 장면이 나온다. 그는 항상 자신의 꾀를 의지하던 사람이었지만, 형 에서가 생명을 위협하는 절박한 상황 속에서 홀로 남아 기도할 때 변화를 경험하였다. 그의 이름이 '야곱'에서 '이스라엘'(창 32:28)로 바뀌었다는 것은 그의 근본이 바뀌었음을 의미한다.

그 후로 야곱은 나이가 들수록 영적인 사람이 되었다. 바울이 "우리의 겉사람은 낡아지나 우리의 속사람은 날로 새로워지도다"(고후 4:16)라고 고백한 것처럼, 나이가 들어도 날마다 영적으로 새로워지는 것이 우리를 향한 하나님의 계획이며, 우리에게 허락하신 은혜다.

보통 부모의 입장에서는 자녀의 미래를 알 수 없기 때문에 많은 걱정을 하기 마련이다. 그런데 야곱은 열두 아들을 불러 각각 머리에 손을 얹고 기도할 때, 아들들의 미래가 입에서 흘러나왔고 각자의 삶에 그대로 이루어졌다. 나는 이 땅의 모든 믿음의 가족들이 이렇게 영적인 권세를 가진 부모가 되기를 바란다.

성경에는 기도하며 하나님이 주신 신령한 은사와 지혜로 고난을 극복해 낸 인물들이 수도 없이 등장한다. 기도는 엄청난 은혜이며, 영적 전쟁을 승리로 이끄는 통로다. 그렇다면 우리가 영적 전쟁에서 승리하기 위해서 어떻게 기도해야 할까?


## 기도로 마귀를 대적하라


모든 기도와 간구를 동원하여 마귀를 대적해야 한다. 마귀와 그 세력과의 영적 전쟁에서 이기기 위해서는 모든 기도의 종류를 다 동원하도록 성경에서 권면하고 있다.

> 모든 기도와 간구를 하되 항상 성령 안에서 기도하고 이를 위
> 하여 깨어 구하기를 항상 힘쓰며 여러 성도를 위하여 구하라
> 엡 6:18.

하나님의 전신갑주를 입은 주의 군사들이 영적 전쟁에서 이기기 위해서는 여러 가지 형태의 기도를 동원하여야 한다. 성경은 모든 종류의 기도를 통해 마귀와 그 세력들을 대적하고 영적 전쟁을 하라고 권면하고 있다.

• 개인 기도 : 가장 일반적인 기도로서, 개인이 필요에 따라 정해 놓은 시간에 하는 기도뿐 아니라 때와 장소를 가리지 않고 성령 하나님과 독대의 시간을 갖는 것이다.

• 합심 기도(마 18:19) : 장작이 많이 모이면 모일수록 더 거센 화력을 일으키는 것처럼 합심 기도에는 힘이 있다. 공동체에서 기도 제목을 나누며 합심 기도에 힘써야 한다.

• 통성 기도(시 5:3) : 소리 내어 기도하는 통성 기도는 한국 교회의 특징처럼 여겨진다. 그러나 통성 기도는 한국 교회만

의 특징은 아니다. 성경의 많은 인물이 소리 내어 기도했다.

· **묵상 기도**(시 19:14) : 개인적인 묵상 기도의 시간은 주님이 기쁘게 받으실 뿐 아니라 우리에게도 유익이 있다.

· **대적 기도**(약 4:7) : 우리는 방심하지 말고 영적으로 깨어서 예수의 이름으로 마귀를 대적해야 한다. 특별히 우리의 자녀들을 위해 "예수의 이름으로 명령하노니, 우리 자녀들에게 역사하고자 하는 어둠의 영은 예수의 이름 앞에 묶인 바 되어 떠나가라!"라고 기도해야 한다.

· **축사 기도**(행 16:18) : 바울은 귀신 들린 사람에게 여러 날 괴롭힘을 당할 때 예수 그리스도의 이름으로 명하였다. 그는 위대한 사역자였지만 인간적인 힘을 의지하지 않고, 어둠의 영들을 축사할 때는 예수 그리스도의 이름으로 명령하였다. 고난받으시고 장사한 지 사흘 만에 죽음과 죄의 권세를 깨뜨리고 부활하신 예수님의 이름에 능력이 있음을 믿어야 한다.

· **중보 기도** : 모든 사람을 위하여, 여러 성도를 위하여 기도하는 것이다.

그러므로 내가 첫째로 권하노니 모든 사람을 위하여 간구와

기도와 도고와 감사를 하되 딤전 2:1.


바울은 특별히 자신을 위한 중보 기도를 요청했다(엡 6:19). 어찌할 수 없는 자신의 결핍을 채우기 위해 하나님께 간절히 구하는 것이 '간구'라면, '기도'는 자기 한계를 인식할 때 오직 한 분이신 하나님께 도움을 요청하는 겸손한 행위이고, '도고'는 바로 다른 사람의 청원을 중재하는 의미로 대신 기도하는 중보 기도다. 그리고 우리는 늘 하나님께서 우리를 위해 베푸시는 은혜에 감사하는 기도를 빠뜨리지 않아야 한다.

전쟁 중에는 지휘관이 중요하다. 마귀는 지휘관을 향해 집중 공격을 시도한다. 지휘관이 무너지면 공동체 전체가 위험해지기 때문이다. 영적 싸움은 기도로 돌파하고 악한 권세들을 깨뜨리는 것이다. 바울이 그랬던 것처럼, 하나님께 쓰임 받은 사람들은 기도의 중요성을 너무나 잘 알고 있었다.


• 성전 기도 : 베드로와 요한은 시편 121편의 성전에 올라가며 불렀던 노래와 같이 성전을 사모하며 정해진 제9시 기도 시간이 되면 성전에 올라갔다(행 3:1). 다니엘은 하루 세 번씩 무릎을 꿇고 성전을 향해서 하나님께 감사하며 기도했다(단 6:10). 솔로몬은 하나님의 눈과 마음이 항상 성전에 있으리

라는 응답을 받았다(대하 7:16). 이처럼 성전은 거룩하고 신비한 공간이다.

· **방언 기도** : 마가의 다락방에 120명의 문도가 모여 기도할 때 방언 기도 소리가 밖까지 들렸다(행 2:4). 또 바울은 누구보다 자신이 방언 기도를 많이 한다고 고백하였다(고전 14:18). 바울이라는 위대한 사역자도 방언 기도를 통하여 쓰임 받고 그의 사역에 신비한 역사가 많이 일어났다는 사실이 내 기도 생활에 큰 변혁을 일으켰다. 그 후로 내가 집회를 인도할 때면 수많은 분이 방언의 은사를 받았다. 특히 방언 기도는 영적 싸움에서 매우 소중하다.

이 밖에 찬양 기도(시 115:17; 사 6:4), 감사 기도(시 50:14, 23), 회개 기도(사 6:5), 작정 기도(단 10:12), 서원 기도(삼상 1:11; 시 61:5), 부르짖는 기도(렘 33:3, 시편에 57회 나옴), 안수 기도(행 8:17, 9:12, 19:6, 28:8), 품앗이 기도 등이 있다.

## 쉬지 말고 항상 기도해야 한다

"깨어 구하기를 항상 힘쓰"(엡 6:18)라고 했다. 여기서 '항상

믿음의 정석

(무시로)'이라는 말에 해당하는 헬라어 '엔 판티 카이로'에는 '각각의 시간마다, 항상 쉬지 말고'라는 의미가 있다.

기드온(삿 6-8장)과 300명의 용사 테스트는 우리에게 기도의 자세를 교훈하고 있다. 기드온이 미디안과 싸우기 위해 군사를 모집하는 나팔을 불었을 때 3만 2,000명이 나왔다. 15만 7,000명의 미디안 군대에 대항하기에는 한없이 부족해 보이지만, 하나님은 3만 2,000명이 많다고 하시면서 두 번의 테스트를 통해 결국 무릎을 꿇고 물을 마신 300명의 용사만을 남기셨다(삿 7장).

아말렉과의 전투에서 이스라엘 군대를 지휘하던 모세도 아론과 훌의 도움을 받아 하나님께 계속 기도를 올려 드렸을 때 아말렉과의 전쟁을 승리로 이끌 수 있었다(출 17:8-13). 우리도 기도를 쉬거나 멈추지 말아야 한다. 기도를 멈추는 것은 마치 우리가 호흡을 멈추는 것처럼 영적으로나 현실적으로나 매우 위험한 일이기 때문이다.


## 깨어 구해야 한다

'깨어'에 해당하는 헬라어 '아그뤼프눈테스'는 '방심하지 않다, 주의 깊게 행동하다'라는 의미다. 마귀와의 영적 전쟁은

이 땅에 사는 날 동안 계속되기 때문에 깨어 구해야 한다.

겟세마네 동산에서의 예수님은 제자들에게 "너희가 나와 함께 한 시간도 이렇게 깨어 있을 수 없더냐 시험에 들지 않게 깨어 기도하라"(마 26:40-41)라고 하시면서 기도를 강조하셨다. 예수님은 간음 현장에서 죄를 짓다가 잡혀 온 여인을 용서해 주시고, 의심 많은 도마도 이해하시며, 예수님을 배반했던 제자들까지 다 품어 주실 정도로 사랑이 많으셨다. 그런데 예수님이 양보하지 않으신 영역이 있는데, 그것이 바로 기도다.

하루 종일 부지런하신 예수님을 따라다닌 제자들은 몹시 피곤했을 것이다. 그런데 겟세마네 동산에서 제자들이 잠이 들자, 왜 한 시간도 기도할 수 없느냐고 깨우셨다. 인간적인 마음으로는 안쓰럽지만, 예수님이 기도하는 문제를 양보하지 않고 제자들을 깨우신 이유는 기도하지 않으면 마귀의 시험에 빠지기 때문이다. 개인이든 가정이든 예외 없이 기도하지 않으면 사탄 마귀의 유혹에 빠지게 된다. 예수님은 이러한 영적 세계를 아시기 때문에 제자들에게 기도에 관해서는 타협하지 않으셨다.

'이쯤이면 됐겠지!' 하는 방심의 태도는 매우 위험한 생각이다. 마귀는 우는 사자같이 두루 다니며 삼킬 자를 찾고 있기 때문에 기도를 쉬어서는 안 된다(벧전 5:8). 기도를 쉬는 것은 죄라고 성경은 분명히 말씀하고 있다(삼상 12:23).

믿음의 정석

## 기도는 버티는 것이 동반되어야 한다

기도는 인내가 요구되는 영적 영역이다. 기도는 버티는 것이 동반되어야 한다. 더구나 영적 전쟁에서 이기기 위해서는 인내와 버팀의 자세로 깨어 기도해야 한다. 기도는 내 힘으로 하는 것이 아니다. 너무 힘들고 지쳐서 한마디조차 안 나오는 순간에도 기도를 중단해서는 안 된다. 그저 하나님 앞에 엎드려서 버티면 어느 시점에 성령께서 도와주시고 기도와 찬양이 나오게 된다. 성령 안에서 기도한다는 것은 성령님이 우리의 기도를 이끌어 가시는 것을 의미한다. 그때 회복이 일어난다.

## 성령 안에서 기도해야 한다

기도할 때에는 성령의 인도와 도우심으로 기도해야 한다. 성령께서 기도의 방향과 목표(목적)를 알려주시기 때문이다. 그래서 기도할 때 성령님의 인도에 민감하게 반응할 수 있도록 집중해야 한다. 성령님은 말할 수 없는 탄식으로 성도를 위해 기도하시는 분이다(롬 8:26).

늘 기도 생활에 힘쓰는 한 어머니가 있었다. 어느 날 갑자기 기도해야겠다는 감동을 받고 기도를 시작했는데 딸을 위한 기도가 간절하게 나왔다고 한다. 나중에 알고 보니 어머니가 기도했던 그 시간에 딸이 약혼자와 공원을 걷고 있다가 갑자기 건달들에게 폭행을 당할 뻔했다는 것이다. 위기의 상황에서 성령님이 어머니에게 기도하게 하셨고, 기적적으로 경찰관이 나타나 위기를 벗어나게 되었다고 한다.

천지 만물을 창조하신 하나님 아버지께서는 모든 것을 하실 수 있지만, 피조물인 우리와 함께 일하고 싶어 하신다. 하나님은 우리의 기도와 함께 역사하신다. 하나님이 기도해야 한다는 부담을 주신다는 것은 영광스러운 일이다. 하나님은 나의 기도와 함께 역사하고 응답하셔서 신실함을 증명하고 싶으신 것이다.

하나님이 믿음의 가정마다 깨어 기도하며 가정을 지키는 영적인 리더를 세워 주셨는데, 가정을 지키는 기도의 파수꾼이 없다면 어떻게 되겠는가. 교회도 마찬가지다. 하나님은 기도의 파수꾼에게 부담을 주시고, 그들의 기도를 통해 교회를 움직여 가신다. 이름도 빛도 없이 기도하는 기도의 파수꾼을 통해 우리 한국 교회가 움직여 가는 것이다. 적금통장이 만기가 되면 은행에서 돈을 찾는 것처럼, 하나님이 정하신 때에 기도가 만기가 되면 간절한 기도 제목들이 반드시 응답될 것이다.

오늘날 유럽의 교회들이 몰락한 이유는 자유주의와 다원주의가 범람하고 묵상만을 강조하는 신학으로 인해 기도의 불이 꺼졌기 때문이다. 절대로 기도의 중요성을 간과해서는 안 된다. 과거 서독과 동독이 분단되었던 시대에 동독의 도시인 라이프치히 니콜라이의 한 작은 교회에서 통일을 위한 기도회가 시작되었다. 매주 열린 이 기도회는 10년 넘게 지속되며 통일 직전에는 10만 명이 넘게 모이는 모임으로 확산되었고, 결국 동·서독을 가로막았던 장벽은 무너졌다.

"하나님, 도와주옵소서. 기도의 영을 부어 주옵소서."

우리가 기도의 자리에 나와 버티고 인내하면 성령께서 반드시 도우신다.

# "너는 나의 히든 카드란다"

─────────────────────────────────────────── ○

¹ 수 일 후에 예수께서 다시 가버나움에 들어가시니 집에 계
시다는 소문이 들린지라 ² 많은 사람이 모여서 문 앞까지도
들어설 자리가 없게 되었는데 예수께서 그들에게 도를 말씀
하시더니 ³ 사람들이 한 중풍병자를 네 사람에게 메워 가지고
예수께로 올새 막 2:1-3.

1절에 예수님이 '다시' 가버나움에 들어가셨다고 기록되
어 있다. 수일 전에 가버나움에서 베드로의 장모를 치료하셨
기 때문이다(막 1:30-31). 당시 온 동네 사람이 예수님이 계시는
집 문 앞에 병자와 귀신 들린 자를 데려와서 고침을 받았다(막
1:32-34). 따라서 다시 가버나움을 방문하셔서 머문 집은 시몬
베드로와 안드레의 집이었을 것이다(막 1:29).

믿음의 정석

예수님이 왕성한 사역의 열매가 나타나던 가버나움을 잠시 떠나야만 했던 결정적인 이유는 무엇일까? 이는 '나병환자'를 고친 이후에 벌어진 상황 때문이었다(막 1:45). 예수님은 나병환자에게 아무에게도 고침 받은 사실을 알리지 말도록 경고했다. 그러나 그는 많은 사람에게 자신의 나음을 알렸다. 그 일로 수많은 사람이 예수님을 찾아왔고, 자신을 드러내기 원치 않으셨던 예수님은 가버나움을 떠나셨다.

예수님이 왕성한 사역을 하실 수 있었던 비결은 끊임없이 '한적한 곳'(막 1:35, 45)에서 하나님과의 교통을 통해 새 힘을 공급받으셨기 때문이다. 예수님은 새벽과 저녁으로 한적한 곳에서 하나님과의 교제를 통해 지친 마음과 육체에 생기와 능력을 공급받으셨다. 예수님처럼 우리도 끊임없이 영적 충전을 받아야 끝까지 쓰임 받을 수 있다.

## 인기를 얻는 것은 목적이 아니다

유명 연예인들이 우울증이나 공황장애 등으로 고통을 호소하거나 자살을 선택하는 안타까운 일들을 우리는 종종 접한다. 쉴 새 없이 일하며 많은 부와 인기를 누리게 됐지만, 오래가지 않아 마음의 균형이 깨지고 피폐해지게 되는 것이다.

요새는 연예인뿐만이 아니다. 일반인들도 비슷한 경험을 한다. 각종 SNS 등을 통해 사생활을 공유하고 '좋아요'를 갈구한다. 많은 사람이 수백, 수만 명의 관심을 받고 화제의 인물이 되기를 꿈꾸고, 실제로 그렇게 되는 이들도 많다. 그러나 이것은 진정한 성공이 아니다.

어떤 사람들은 많은 재능을 갖고서도 내면의 성숙을 이루지 못하고 가진 돈으로 자극적인 세계에 빠져든다. 몇몇 부도덕한 사람만의 문제가 아니다. 부와 명예를 위해 수단과 방법을 가리지 말라는 속삭임은 누구에게나 찾아오는 유혹이다. 그런 유혹 앞에서 우리는 예수님을 떠올려야 한다.

예수님은 인기가 치솟는 상황에서 그 자리를 떠나셨다. 수많은 사람이 찬사를 보내고 있는데 그 자리를 피해서 떠나 있기는 쉽지 않은 일이다. 그러나 예수님이 그럴 수 있으셨던 이유는 이 땅에 오신 목적이 분명했기 때문이다. 예수님은 인기를 얻기 위해서 오신 것이 아니다. 만약 인기를 얻으려고 했다면, 사탄의 유혹대로 높은 성전 꼭대기에서 사뿐히 뛰어내리는 모습을 수많은 사람 앞에서 보여 주는 것으로 충분했을 것이다(마 4:5-6). 예수님은 온 세상의 죄를 구속하기 위해 이 땅에 오셨다.

우리도 마찬가지다. 사람의 존재 목적은 다른 사람의 영광이나 찬사를 얻는 것이 아니다. 하나님의 영광을 드러내는 것이다. 창조의 질서는 '하나님, 사람, 자연' 순이다. 인간이 내면의 조화를 이루며 살기 위해서는 이러한 창조의 목적과 순서 아래 살아가야 한다. 하나님을 영화롭게 하는 삶이 아닌 자신의 이름을 드러내는 삶에 우선순위를 두는 순간부터 인간의 내면은 균열이 생기게 된다. 결국 어느 시점에 가서는 내면의 질서가 무너져서 삶의 부조화와 불균형이 야기되는 것이다. 이는 부르심의 목적이 상실되었음을 뜻한다.

세계 최정상에 선 음악가들 중에는 정신적인 문제를 겪는 사람이 많다고 한다. 세상의 관심과 인기를 추구하고 스스로 높아지려고 하면서 내면의 질서가 무너지고 삶에 균열이 생긴 것이다. 그래서 나는 음악이나 예술을 하는 성도에게 사람의 인기를 추구하면 오래가지 못하고 하나님도 쓰시지 않는다고 엄하게 이야기하곤 한다. 사탄도 하늘나라의 음악을 관장하는 천사장으로 출발했지만 교만해져서 하나님의 영광을 가로채려고 했다. 피조물은 하나님의 영광을 위해 살아야 한다. 그런데 그 영광을 가로채려는 순간 잘못된 길을 가게 된다. 많은 사람에게 스포트라이트를 받는 사람일수록 뼈를 깎는 각오로 엎드려 기도하지 않으면 한순간에 무너질 수 있다.

예수님이 타셨던 볼품없이 생긴 새끼 나귀가 자신을 향하는 수많은 찬사와 노랫소리, 그리고 길에 깔려 있는 사람들의 겉옷들이 자신의 뛰어남 때문이라고 여긴다면 이 얼마나 큰 착각인가? 그 착각 속에 계속 머문다면 나귀는 자신의 등에서 예수님을 내리게 할 것이고, 그 이후에는 사람들의 몰매를 맞게 될 것이다.

이처럼 우리도 내면의 영적 질서가 무너져서 삶의 균형을 잃어버리면 사회적 지탄의 대상이 될 수 있다. 우리는 인기에 연연하기보다 삶의 목적을 분명히 정립해야 한다. 우리가 이 땅을 떠나게 될 때 우리의 인기가 어느 정도였는지는 그리 중요한 척도가 될 수 없다.


## 혼자 있는 시간에 능력이 있다

예수님은 가버나움에 다시 들어가시기 전 여러 날 동안 어디에 계셨을까? 하나님과의 깊은 친교를 위해 예수님은 한적한 곳에서 고독한 시간을 보내셨다.

새벽 아직도 밝기 전에 예수께서 일어나 나가 한적한 곳으로 가사 거기서 기도하시더니 막 1:35.

그러나 그 사람이 나가서 이 일을 많이 전파하여 널리 퍼지게 하니 그러므로 예수께서 다시는 드러나게 동네에 들어가지 못하시고 오직 바깥 한적한 곳에 계셨으나 사방에서 사람들이 그에게로 나아오더라 막 1:45.

예수님의 사역에 대한 소문이 이미 온 가버나움에 퍼져서 수많은 사람이 찾아와 그 능력에 찬사를 보낼 때, 예수님은 홀연히 그곳을 떠나 한적한 곳으로 들어가셨다. 여기에서 '한적한 곳'이라고 번역한 부분을 영어 성경(NIV)은 'solitary place(홀로 된 곳)', 'lonely places(외로운 곳)'라고 표현했다.

진정한 성공을 위해서는 누구든지 에너지를 축적하고 관리하는 혼자만의 시간을 가질 필요가 있다. 이때 우리는 사람의 환호로부터 벗어나야 한다. 대중들이 열광하는 자리에 머물 때에는 즐거움과 쾌감이 있지만, 그것은 일시적이고 공허한 것이다. 그래서 사람들은 더 큰 자극을 추구하고 편법을 동원한다. 자신도 모르게 내면의 질서가 무너졌거나 균열이 생겼음을 감지하지 못하고 더 큰 허상이나 헛된 것을 추구하게 되는 것이다. 그러나 예수님은 완벽한 롤모델로서 내면 관리의 모범을 우리에게 보여 주셨다.

예수님은 사람의 찬사와 환호에 일희일비하지 않으셨다. 대중들이 자신에게 환호하는 상황이 조성되면 차라리 그곳으로부터 벗어나는 편을 선택하셨다. 이것은 쉬운 일이 아니다. 자기 관리 중에서 마음 관리가 가장 중요하면서도 어렵다. 하나님의 영광을 대신 취하는 자리에서 벗어나서 끊임없이 자기를 부인해야 한다. 하나님 앞에서 자신의 내면을 점검할 수 있어야 한다. 하나님과의 시간을 갖는 편을 더욱 즐거워해야 한다. 그래야 하나님과의 친밀한 관계를 오래 지속할 수 있고, 마음을 관리할 수 있다.

나는 20대 후반 전도사 시절, 모 교회의 여전도회 헌신예배 강사로 초청을 받은 적이 있다. 당시 나는 많은 기도로 준비했고, 당일에 승합차를 몰고 가는 길에도 감사와 감격으로 기도했다. 한창 영어에 관심이 많은 시기를 보내던 나에게 성령님은 영어로 "You are my hidden card"(너는 나의 히든 카드란다)라고 말씀하셨다. 그리고 "너를 드러내려고 하지 마라. 네가 꼭꼭 숨는 시간을 가진다면 언젠가 내가 너를 쓸 것이다. 네가 드러나기보다 숨기를 좋아하면 내가 너를 오래오래 쓸 것이다"라는 메시지를 받았다. 그래서 얼마 전 청소년 집회와 관련하여 인터뷰한 것 외에는, 그동안 언론의 인터뷰 요청에 대부분 응하지 않고 스스로를 드러내지 않으려고 해 왔다.

숨 돌릴 틈도 없이 분주한 자신에게 주어진 많은 일정을 책임감과 사명감으로 소화하는 사람들이 새벽에 깨어 기도한다는 이야기를 종종 듣는다. 그들은 하나같이 입을 모아 하나님이 깨우신다고 고백한다. 나는 그들의 고백을 믿는다. 하나님은 바쁠수록 우리를 고독한 곳에 있게 하시고 주님과 독대하는 시간을 갖게 하신다. 사실 이 시간이 가장 중요하다. 너무 바쁘다면 그렇기 때문에 더 기도해야 한다. 이 시간을 잘 보내고 나면 성공 후에 더 큰 영향력이 나타나고, 더 많은 회심의 열매가 맺힐 것이다. 사람들의 인정과 칭찬과 찬사와 환호의 자리는 내가 아니라 주님이 머무셔야 하는 곳이다. 우리는 끊임없이 자기를 부인하고 주님과 보내는 나만의 시간을 통해 새 힘을 공급받을 수 있어야 한다.

## 회복과 충전의 시간이 필요하다

주님과 나만의 독대 시간이 가지는 의미를 정리해 보면 다음과 같다.

**첫째, 내면의 영적 질서를 점검하는 시간이다.** 일탈과 균열은 밖의 환호가 있을 때 더욱 쉽게 일어난다. 내면의 영적 질서가 무너짐으로 인해 삶이 무너지게 되는 것이다. 요셉은 어렵고 외로운 외면적 상황이 주어졌으나 내면의 영적 질서가 무너지지 않았기에 승리할 수 있었다. 노예 생활과 감옥 생활 중에는 물론이고, 권력이 주어진 애굽 총리 생활 중에도 그는 내면의 영적 질서가 무너지거나 균열이 생기지 않았다. 요셉은 마음의 평정을 잃지 않았고, 기도가 막히지 않았으며, 주어진 열악한 환경에도 불구하고 감사의 마음으로 적응하였다. 또한 주변의 사람들과 조화를 이루고 좋은 관계를 맺었음을 성경을 통해 알 수 있다(창 39-40장).

요셉은 집에서 아버지와 좋은 관계를 맺었다. 그리고 노예 생활 중에는 주인 보디발과 좋은 관계를 맺었다. 오해를 받아 감옥에 가서도 그는 간수장의 인정을 받아 감옥에서 죄수들을 관리하는 위치에까지 있게 되었으며 술 맡은 관원장, 떡 맡은 관원장과도 좋은 관계를 유지했다. 총리가 된 이후에도 매사에 하나님을 인정하였으며, 가족을 위해 고센 땅을 요구할 정도로 개인을 위해 힘을 사용하지 않는 겸손과 균형감각을 갖고 있었다. 결정적으로 요셉은 그를 노예로 팔아버린 형들을 용서하고 오히려 그들을 위로했다(창 45:5).

이 시대는 외면적인 것을 더 중요시하고, 눈에 보이는 결과에 더 큰 가치를 두곤 한다. 그래서 결국 내면의 영적 질서를 소홀히 하고, 급기야는 내면의 균열을 인지하지 못하다가 삶이 몹시 흔들리거나 붕괴되고 만다.

**둘째, 주님과 독대하는 것은 가장 중요하고 가치 있는 시간이다.** 이는 삶에서 최우선 순위에 있는 시간이 되어야 한다. 하나님과 내가 만나는 시간이 인생에 있어서 첫 번째 순위이므로 우리는 바쁠수록 기도하고, 바쁠수록 말씀을 묵상하고, 바쁠수록 예배해야 한다.

그런즉 너희는 먼저 그의 나라와 그의 의를 구하라 그리하면
이 모든 것을 너희에게 더하시리라 마 6:33.

**셋째, 충전의 시간이다.** 주님과의 만남은 영혼육의 회복과
충전을 경험하게 한다. 엘리야는 구약 최고의 선지자 중 한 명
이었다. 850명의 거짓 선지자에게 승리하며 기도로 불이 떨
어지게 했고, 3년 6개월 만에 비가 내리게도 했다. 그런데 열
왕기상 19장 4절을 보니 엘리야가 "한 로뎀 나무 아래에 앉아
서 자기가 죽기를 원하여 이르되 여호와여 넉넉하오니 지금
내 생명을 거두시옵소서 나는 내 조상들보다 낫지 못하니이
다"라고 했다고 기록한다. 사람은 에너지가 떨어지고 내면의
의지가 무너지면 약해질 때가 온다. 엘리야 같은 대단한 선지
자도 무너진 것을 우리라고 스스로의 힘으로 극복할 수 있겠
는가. 그럴 때는 엘리야처럼 주님을 만나 회복하고 충전해야
한다(왕상 19:4-8).

모든 사람은 연약함과 한계를 지닌 존재다. 사람은 하나님
과의 만남을 통해 인간의 한계를 뛰어넘는 충전과 회복, 그리
고 기적을 경험한다. 하나님이 엘리야를 회복시키신 방법은
별것이 아니었다. 우선 깊은 잠을 자게 하셨다(왕상 19:5). 하나
님은 아담을 깊이 잠들게 하여 갈비뼈를 취한 후에 하와를 만
드셨다(창 2:21). 깊은 잠은 치유와 회복과 창조의 시간이다. 또

한 하나님은 엘리야를 책망하지 않고 어루만지셨다(왕상 19:5). 이것은 영적인 스킨십을 의미한다. 부부를 포함한 가족 간, 동역자 간에도 서로 다독여 주는 시간이 필요하다. 우리 사회는 계속해서 상대방을 비난하고 정죄하지만, 하나님은 우리를 보듬어 주신다.

하나님은 엘리야에게 숯불에 구운 떡과 물 한 병을 먹게 하셨다(왕상 19:6). 좋은 음식을 섭취하는 것은 회복과 충전을 위해 중요한 일이다. 숯불에 구운 떡과 물은 영적으로 각각 생명의 떡 되시는 예수님과 생명수 되시는 성령님을 의미하는데(요 6:35, 7:38-39), 일반적으로는 말씀과 기도를 통해 주님의 임재를 경험하고 치유와 회복을 통한 충전을 의미한다.

예수님은 며칠 동안 공백기를 가지셨지만, 곧 다시 가버나움으로 가셨다. 그러자 더 많은 사람이 예수님에게로 나아와 필요를 해결 받았다. 더 많은 치유와 기적의 열매가 나타난 것이다. 자신을 향한 찬사와 칭찬을 지향하는 태도에서 벗어나서 끊임없이 주님 한 분만으로 만족하는 태도를 지향할 때 그 사람은 갈수록 더 선한 영향력을 나타내게 될 것이다.

우리 삶의 목적은 무엇이 되어야 할까? 하나님의 영광이 되어야 한다. 그래서 우리의 시선을 사람의 인정과 평가가 아니라 하나님의 영광에 두어야 한다. 예수님으로부터 '여자가 난 자 중에 가장 큰 자'라 칭찬받은 세례 요한은 자신의 제자들이 예수님을 따를 때 "그는 흥하여야 하겠고 나는 쇠하여야 하리라"(요 3:30)라고 고백하면서 그 상황을 기쁘게 받아들였다. 이는 세례 요한이 광야에서 주님과의 끊임없는 만남으로 내면의 영적 질서가 잘 유지되었기 때문이다.

누군가로부터 상처를 받거나 미운 감정이 일어날 때, 누군가에 대해서 시기와 질투가 일어나거나 기분이 크게 상하여 평정심을 잃어버릴 때, 누군가가 자신을 인정해 주지 않는 것 같아서 서운할 때는 '내면의 영적 질서'에 문제가 생긴 것으로 볼 수 있다. 그럴 때는 빨리 주님께로 향하여 자신의 내면을 점검하며 치유와 회복의 시간을 가져야 한다.

# 방황을 끝내고 믿음으로 일어나라

누군가의 방황을 말할 때, 그것이 방황인지 아닌지의 기준을 규정하는 것은 중요한 문제다. 어떤 이의 눈에는 방황하는 삶으로 보이지만 실제 그렇지 않을 수 있고, 반대로 너무나 올바른 삶인 것 같지만 실제로는 방황하는 중일 수 있기 때문이다.

그렇다면 구약의 인물 요나를 생각해 보자. 그는 과연 방황하였는가. 요나는 엘리사가 죽은 후부터 아모스가 사역을 시작할 때까지 약 40년 동안 북이스라엘에서 사역한 선지자다. 요나는 하나님이 '그의 종'이라고 인정하실 정도로 뛰어난 선지자로서 이스라엘 영토의 회복을 예언하기도 하였다(왕하 14:25).

하나님은 당신의 뜻을 하나님의 사람인 선지자에게 말씀

을 통해 전달하신다. 그래서 하나님이 한 시대를 위해 사용하셨던 요나에게도 사명의 메시지를 전하셨는데, 요나는 도무지 그 명령을 따를 수가 없었다. 그 메시지의 내용은 "너는 일어나 저 큰 성읍 니느웨로 가서 그것을 향하여 외치라 그 악독이 내 앞에 상달되었음이니라"(욘 1:2)였다. 즉 니느웨라는 도시로 가서 하나님이 곧 이 땅을 멸망시키실 것이라고 선포하라는 것이다.

우리가 모두 알고 있듯이, 요나는 하나님의 말씀에 곧바로 순종하지 않았다. 그렇게 한 데에는 몇 가지 이유가 있다. 요나는 '비둘기'라는 이름의 뜻처럼, 그 성품과 기질이 거칠거나 강하지 않았다. 그래서 극히 호전적이고 사나운 니느웨 사람들을 향해 하나님의 메시지를 외치는 것이 내키지 않았을 것이다. 니느웨에서 하나님의 말씀을 외치다가 크나큰 봉변을 당할 수도 있다고 생각했을 것이다.

또 니느웨는 B.C. 12세기경부터 앗수르의 수도였다. 앗수르는 이스라엘에 상당한 위협을 주는 나라였다. B.C. 722년에는 앗수르에 의해 북이스라엘이 멸망한다. 그러니 요나로서는 앗수르 사람들에게 하나님의 심판의 메시지를 전해야 한다는 사실을 받아들이기가 어려웠을 것이다.

하나님의 사람들은 하나님의 뜻대로 살아 내는 사람들이다. 설령 자기 마음에 들지 않는다고 할지라도 말씀을 살아 내는 것이 신실한 태도다. 그러나 호시탐탐 이스라엘을 노리고 국지적으로 침략을 일삼으며, 주변 나라들을 정복하는 적국 중심부에 가서 심판의 메시지를 외치는 일이 쉬웠겠는가. 거리상의 문제가 아니다. 니느웨로 가지 않기로 결심한 요나는 예루살렘에서 무려 3,500km 정도 떨어진 다시스(지금의 스페인 남부)로 발걸음을 향했다. 즉 요나의 불순종은 하나님께 받은 메시지의 내용 때문이었다.

요나는 니느웨 사람들의 회심이 불가능하리라 확신했다. 자신이 그곳에 가서 하나님의 말씀을 외친다고 해서 사납고 호전적이며 죄악을 일삼는 니느웨 사람들이 회심할 것으로 생각하지 않았다. 이 때문에 요나는 니느웨로 갈 수 없었던 것이다.


## 요나는 자기중심적 세계관을 깨지 못했다

진리를 따르는 사람은 세상의 빛이다. 예수 그리스도가 세상의 빛이었기 때문이다. 빛은 어둠을 이길 수밖에 없다. 빛은 어둠을 향한 핵폭탄과 같다.

도저히 주님을 영접하지 않을 것 같던 가정에도 구성원 한 사람으로 말미암아 복음의 빛이 들어갈 수 있다. 아주 작은 빛이 그 가정에 밝혀지면 어둠이 떠나가고 온 가족이 하나님께로 돌아오는 신비한 역사가 일어난다. 우리나라도 불과 140년전에는 예수님을 믿는 사람이 없었다. 그러나 복음의 불모지에 순교의 피가 뿌려졌다. 빛이 들어와 어둠을 밝힌 것이다. 그리고 21세기인 지금, 우리나라 곳곳에는 수많은 교회가 세워졌다.

요나는 말씀의 능력을 간과했다. 말씀이 선포되는 곳에 전능하신 하나님의 능력이 역사하심을 믿지 못했다. 요나는 하나님의 크심을 의뢰하는 믿음의 시선을 가지지 못하고, 니느웨라는 땅의 척박한 영적 환경과 그곳에 거주하는 사나운 사람들을 더 큰 문제로 보았다. 하나님의 전능하심이 아닌, 자기 능력의 초라함에 시선을 고정하였기에 믿음을 빼앗겼고, 결국 하나님의 뜻과는 전혀 다른 길을 선택했다.

또 요나는 자신이 가지고 있던 세계관(가치관, 고정관념) 때문에 니느웨로 갈 수 없었다. 모든 사람은 자신이 배우고 경험한 것을 종합하여 세계관을 형성하고, 자신의 세계관을 근거로 말하고 행동한다. 세계관이 한번 형성되면 뛰어넘기가 쉽지 않다.

베드로도 처음에는 미숙한 세계관을 넘지 못하고 이방인인 고넬료의 가정으로 가지 않으려고 했다. 베드로의 세계관으로는 유대인만이 하나님의 사랑의 대상으로서 구원받을 수 있었기 때문이다. 그러나 이미 예수님은 베드로와 제자들, 초대 교회 성도들에게 모든 민족으로 제자를 삼으라고 명령하셨고(마 28:18-20), 성령이 임하면 예루살렘을 넘어 온 유대와 사마리아와 땅끝까지 예수님의 증인이 될 것이라고 말씀하셨다(행 1:8).

그럼에도 유대인들은 성전이 있는 예루살렘 안에만 머물기를 좋아하고 지리적으로 멀지 않은 사마리아에는 좀처럼 가지 않았다. 갈릴리에서 유대까지 3일이면 갈 길을, 사마리아를 지나지 않기 위해 6일이나 걸리는 길로 돌아서 갈 정도였다. 순수한 혈통을 지키지 못했다는 이유로 사마리아인들과는 상종하지 않으려 한 것이다. 그러나 예수님은 땅끝까지 이르러 증인이 되라고 하셨다. 그럼에도 그들은 자기중심적 세계관의 틀을 깨지 않으려고 했다.

요나의 태도도 이와 같다. 그는 니느웨 사람들의 회심과 영혼 구원에 관심을 가지시는 하나님을 향해 숨겨진 분노를 품었을 것이다. 여호와 하나님은 이스라엘 백성들만의 하나님이시며, 이스라엘 백성들의 구원과 회심에만 관심을 갖고 계시는 분으로 이해했기 때문이다. 요나는 여호와 하나님이 온 세상의 영혼을 구원코자 하시는 '선교적 하나님'이심을 알지 못했다.

## 자기 틀에 갇히면 세계를 보지 못한다

사람들은 대부분 자신에게 익숙한 범위 안에서 생활하기를 원하며, 그것에만 관심을 갖는다. 예루살렘교회가 박해를 받은 것도 그때까지 아무도 유대 너머에 있는 영혼들을 구원하는 데에 관심도 열정도 없었기 때문이다. 예루살렘교회는 하루에 수천 명씩 성도의 숫자가 늘어났지만, 하나님이 모든 민족을 제자로 삼도록 하기 위해 존재하심을 알지 못했다(마 28:18-20). 그들의 관심은 바깥쪽이 아니라 안쪽에 있었다. 부흥을 허락하신 하나님 아버지의 진정한 마음을 이해하지 못했던 것이다.

그들은 핍박을 받고서야 비로소 사방으로 흩어져 복음을 전했다. 특히 소아시아의 안디옥에 있던 이방인들은 스펀지가 물을 흡수하듯이 은혜를 받아들여 그곳에 교회를 세웠다. 이 안디옥교회를 통해서 바울과 바나바가 파송되고 세계 선교가 처음 시작되었다. 예루살렘교회가 세계 선교를 감당하지 못하자 하나님은 촛대를 옮겨 안디옥교회가 하게 하신 것이다. 그런데 안타깝게도 오늘날에는 이 소아시아 지역이 이슬람에 점령당하고 말았다. 우리에게 부담스러운 이야기일 수도 있지만 하나님은 개인이든, 가정이든, 교회든, 국가든 사명을 감당하지 못하면 촛대를 옮겨 버리신다(계 2:5).

요나는 유대 민족을 통해서 온 세상을 구원하기 원하시는 하나님의 구원 계획을 몰랐다. 이 세상의 모든 인생이 하나님의 구원 대상이다. 하나님이 아브라함을 열국의 아비로 부르신 것은 그의 자손에게만 복을 주려고 하신 것이 아니다. 그의 후손들을 통해서 온 인류가 예수를 믿고 구원의 은총을 받게 하겠다는 하나님의 원대한 구원의 계획이 있으셨다. 그런데 세월이 지나면서 유대 민족은 자기들만을 구원의 대상으로 여기는 편협한 사고를 하게 되었다.

오늘날 우리도 개인주의나 배타적 민족주의에 빠지면 하나님의 원대한 계획을 놓쳐 버리게 된다. 우리는 절대로 자기중심적 세계관이나 고정관념의 틀 속에 굳어지면 안 될 것이다. 하나님은 우리를 통해 전 세계를 담고 싶어 하시는데, 자신의 틀 속에 갇혀 있으면 많은 사람을 얻지 못한다. 우리가 죄 때문에 하나님과 원수 되었을 때 예수 그리스도를 보내시어 우리를 구원해 주신 것처럼(롬 5:10), 우리는 그 어떤 누구를 위해서도 기도해야 한다.

관심이 안쪽으로만 향하는 구심력만 있는 공동체는 문제가 생길 수 있다. 하나님은 구심력의 힘으로 온 세상을 구원하는 영적 원심력이 작동하기를 원하신다. 하나님을 향한 편협한 이해와 지식은 하나님이 하시고자 하는 계획에 대한 오해를 불러온다. 더 나아가서는 자신을 향한 하나님의 계획과 사명에 대한 메시지를 오해하고, 이 때문에 하나님을 향한 분노와 불신을 갖게 한다.

## 누구나 방황한다

다시 방황이라는 주제로 돌아가 보자. 요나는 방황하였는가? 그렇다! 그는 40년 동안 하나님께 쓰임 받았고 사람들에게도 존경받는 선지자였지만, 니느웨로 가라는 명령에 순종하지 않고 다시스로 도망했다.

요나의 방황은 하나님과 요나 외에는 아무도 알지 못한다. 그의 걸음이 하나님의 뜻을 거스르는 발걸음이었음을 아는 이는 없었을 것이다. 어쩌면 요나를 지켜보던 사람들은 다시스로 여행을 가는 모양이라고 생각했을 것이다. 그러나 아무도 알아채지 못했던 그의 행보가 하나님 보시기에는 방황이었다. 하나님의 뜻과는 정반대 방향으로의 여정이었기 때문이다. 성경은 이 일을 두고 요나가 여호와의 얼굴을 피해 도망한다고 분명히 묘사하고 있다.

그러나 요나가 여호와의 얼굴을 피하려고 일어나 다시스로
도망하려 하여 욥바로 내려갔더니 마침 다시스로 가는 배를

만난지라… 욘 1:3.

공교롭게도 요나가 항구에 도착했을 때, 다시스로 가는 배가 정확한 타이밍에 준비되어 있었다. 이처럼 절묘한 타이밍으로 착착 진행되는 상황을 보면서 요나는 자신의 선택이 옳았다고 스스로 위로했을 수도 있다. 때로는 내가 하나님의 뜻과 다른 방향으로 가는 중에도 일이 한동안은 잘 풀리는 것처럼 보일 때가 있다. 그러면 내 행동이 방황인지 아닌지 나조차도 헷갈릴 수 있다. 그러나 우리는 방황에 대한 정확한 기준이 있어야 한다.

'방황'이라는 것은 신학적으로 죄 가운데 머무는 것이다. '죄'에 해당하는 헬라어 '하마르티아'는 과녁을 벗어났다는 의미다. 며칠 동안 가출하는 것만이 방황이 아니다. 우리를 창조하시고 불러 주신 하나님의 원대한 계획에서 벗어나서 살아가는 것이 방황이다.

물론 사람은 연약하기에 누구든지 하나님의 뜻을 거스를 수 있다. 베드로도 "주는 그리스도시요 살아 계신 하나님의 아들이시니이다"(마 16:16)라는 믿음의 고백으로 예수님께 칭찬을 받았지만, 그 직후 예수님의 고난과 죽음에 대해서 하나님의 일을 생각하지 아니하고 사람의 일을 생각하며 만류하였을 때 "사탄아 내 뒤로 물러가라"(마 16:23)라는 책망을 받았다.

그뿐만 아니라 예수님을 세 번이나 부인하는 죄를 짓는다.

요나와 같은 선지자, 베드로와 같은 예수님의 수제자조차 방황의 길을 피하지 못했다면, 우리 역시 얼마든지 하나님의 뜻을 거스를 수 있다. 그러나 우리가 반드시 기억해야 할 것은 하나님은 결국 방황하는 이를 찾아 이끄시는 분이라는 사실이다. 십자가 죽음에서 부활하신 예수님이 베드로를 친히 찾아와 "네가 나를 사랑하느냐"고 세 번 물으신 것처럼 말이다.

## 하나님은 방황하는 자를 찾아내신다

요나는 니느웨와 정반대 방향에 있는 땅으로 멀리멀리 도망가면 하나님의 얼굴을 피할 수 있다고 생각했다. 그러나 하나님은 무소부재하시기에 언제 어디서나 모든 인생을 감찰하신다. 어떤 인생도 하나님의 얼굴을 피할 수가 없으며, 이 세상 어디도 하나님의 얼굴을 피하여 숨을 곳은 없다.

자신이 하나님의 뜻을 따라 살아가고 있는지, 거슬러 방황하고 있는지는 하나님을 향한 태도로 분별해야 한다. 아담과 하와는 하나님께 불순종하는 삶을 살았을 때 에덴동산의 나무 뒤에 숨었다. 이처럼 하나님의 뜻을 거슬러 살게 되면 영적 본능으로 하나님과의 친밀함이 깨진다. 기쁨과 평안 대신 불안과 두려움이 마음을 지배하게 된다(창 3:10; 롬 8:6).

> 여호와께서 큰 바람을 바다 위에 내리시매 바다 가운데에 큰
> 폭풍이 일어나 배가 거의 깨지게 된지라 욘 1:4.

하나님은 요나에게 폭풍으로 찾아오셨다. 이 폭풍은 하나
님이 요나를 찾고 부르신 음성인데, 요나는 이를 듣지 못하고
배 밑층에 내려가서 깊은 잠에 빠져 있었다. 하나님의 뜻대로
살아가지 않으면 이처럼 계속 내려가는 인생이 되고 만다. 믿
음의 사람들은 독수리가 날개 치며 올라가듯이(사 40:31), 사슴
이 높은 곳으로 올라가듯(시 18:33), 현실을 돌파하면서 올라가
는 인생이 되어야 한다.

> 5 사공들이 두려워하여 각각 자기의 신을 부르고 또 배를 가
> 볍게 하려고 그 가운데 물건들을 바다에 던지니라 그러나 요
> 나는 배 밑층에 내려가서 누워 깊이 잠이 든지라 6 선장이 그
> 에게 가서 이르되 자는 자여 어찌함이냐 일어나서 네 하나님
> 께 구하라 혹시 하나님이 우리를 생각하사 망하지 아니하게
> 하시리라 하니라 욘 1:5-6.

하나님이 택하신 사람들은 어디를 가든지 믿는 사람, 깨우

는 사람을 만난다. 요나도 처음에는 잠을 깨우는 사람들이 귀찮다고 생각했을지 모른다. 하지만 이는 그를 하나님께로 인도하는 음성이었다. 교회 안에서도 힘들고 방황할 때 교회의 리더나 믿음의 사람들이 연락해서 만나자고 하면 귀찮게 여겨질 때가 있다. 그러나 사실은 그것이 하나님이 우리를 붙들어 주시고 나와 함께하시는 표적일 수 있음을 알아야 한다.

요나는 폭풍의 원인이 자신 때문인 줄 깨닫고 사람들에게 자신을 바다에 던지라고 말한다(욘 1:12). 이처럼 요나가 모든 것을 다 내려놓고 회개할 때 풍랑은 잔잔해졌다.

요나를 들어 바다에 던지매 바다가 뛰노는 것이 곧 그친지라
욘 1:15.

## 방황으로부터 탈출하라

내가 방황 중인지 아닌지를 알아볼 수 있는 자가진단법이 있다. 먼저 말씀을 듣거나 성경을 묵상하다 보면 내 마음에 찔림이 올 때가 있는데, 그것이 내가 방황하고 있는지를 진단해 준다. 또 "육신의 생각은 사망이요 영의 생각은 생명과 평안이니라"(롬 8:6)라는 말씀처럼 영의 생각은 생명과 평안을 준다.

한 사람이 방황에서 벗어나면 자기 자신도 살고 남도 살리는 역동적인 에너지를 발휘한다. 교회도 바른 방향으로 나아갈 때 생명력이 있다. 어느 교회든지 선교 지향적으로 바른 방향을 향해 갈 때 하나님이 주시는 기쁨과 평안이 가득하리라 믿는다. 하나님의 뜻에 순종하면 험난한 니느웨로 가더라도 마음에 평안함이 임한다. 하나님이 주시는 참 평안이다. 우리는 이렇게 늘 하나님이 기뻐하시는 뜻을 분별할 줄 알아야 한다.

만약 내가 아무도 모르게 방황하던 중이었다면 얼른 그 방황으로부터 탈출해야 한다. 그러기 위해서는 내가 잘못된 길로 가고 있다는 것을 인정하고, 그것을 하나님과 주변 앞에 고백하며 내려놓아야 한다. 요나도 다 내려놓고 자신을 희생하고자 하니 언제 그랬냐는 듯이 사납던 풍랑이 잔잔해졌다. 결국 풍랑의 원인은 하나님과 요나의 관계 때문이었다. 그리고 요나는 물고기 배 속에서 사흘 동안 회개의 기도를 했다. 이 과정을 거쳐 요나는 회복되었고, 그가 니느웨에서 복음을 전하자 온 나라와 짐승까지 금식하고 회개하였다.

이처럼 사람의 생각과 하나님의 생각은 다르다. 사납고 호전적인 니느웨 사람들이 회개할 줄은 아무도 몰랐지만, 이 모든 일은 하나님의 계획 안에 있었다. 우리나라 또한 이렇게 많은 교회가 일어나고 부흥할 줄은 140년 전 조선 땅에서 활동하던 선교사도 몰랐고, 그 선교사들을 파송했던 교회도 몰랐을 것이다.

우리가 경험한 코로나 팬데믹의 상황도 어쩌면 하나님이 우리를 부르시는 음성이었을 수도 있다. 더 이상 다른 것에서 문제를 찾지 말고 항상 나 때문이라는 생각으로 하나님께 모든 것을 맡기고 내려놓는 기도의 시간을 가져야 한다. 때가 이르면 삶의 풍랑이 잠잠하게 될 것이고, 요나를 회복시키셔서 위대하게 쓰신 것처럼 하나님은 오늘날에도 기도하는 자들을 쓰실 것이다.

하나님 안에서는 끝난 인생이 없다. 어떤 인생도 방황을 끝내고 재기하여 회복할 수 있고, 다시 일어날 수 있다. 나를 찾으시는 하나님 앞에서 "저를 붙들어 주시고 불쌍히 여겨 주옵소서"라고 반응하며, 다시 할 수 있다는 자신감과 믿음으로 나아가기를 바란다.

Part
2

믿음의 연단

시련을 통과해야
단단해진다

# 위기 때 무엇을 갈망하는가

민수기 16장에는 '고라'라는 사람이 등장한다. 그는 모세의 권위에 대적하다가 하나님으로부터 심판을 받았다. 원래대로라면 그의 가문과 자손은 저주받아야 했다. 그러나 하나님은 고라의 자손들에게 은혜를 베푸셨다. 그들을 영적으로 축복하시고 시편을 노래하는 사명을 감당할 만한 자들로 회복시키셨다.

우리는 모두 고라의 자손과 같다. 죄로 인해 영원히 저주받아 죽을 수밖에 없는 인생이었지만, 예수님의 은혜로 말미암아 모든 허물이 씻겼다. 이로써 하나님의 자녀로 회복되었음을 우리는 잊지 말고 기억해야 한다.

문제는 믿는 자에게도 인생의 위기가 언제든지 들이닥칠 수 있다는 것이다. 고난은 사람을 가리지 않고 찾아온다. 절체

절명의 위기가 닥쳤을 때 우리는 하나님 앞에 무엇을 구하는가. 밤낮 이 일을 해결해 달라고만 부르짖고 있지는 않은가.

## 하나님을 갈망할 때 기적이 일어난다

[1] 하나님이여 사슴이 시냇물을 찾기에 갈급함같이 내 영혼이 주를 찾기에 갈급하니이다 [2] 내 영혼이 하나님 곧 살아 계시는 하나님을 갈망하나니 내가 어느 때에 나아가서 하나님의 얼굴을 뵈올까… [5] 내 영혼아 네가 어찌하여 낙심하며 어찌하여 내 속에서 불안해 하는가 너는 하나님께 소망을 두라 그가 나타나 도우심으로 말미암아 내가 여전히 찬송하리로다
시 42:1-2, 5.

시편 42편은 다윗이 사울에게 쫓겨 다닐 때를 배경으로 하고 있다. 사울은 질투심에 불타 사위인 다윗을 죽이려고 혈안이 되어 쫓아다녔다. 그러나 다윗은 그런 상황에서도 자신의 억울함을 호소하지 않는다. 사울을 저주하거나 원수를 갚아 달라고 기도하지도 않는다. 아마도 대부분의 사람은 이런 상황에서 "하나님, 제가 무슨 잘못을 했습니까? 저의 이 억울함을 풀어 주세요"라면서 자신의 답답한 상황에만 몰입할지 모

른다. 그러나 다윗은 이 절체절명의 상황에서 하나님께만 초점을 맞춘다. 언제 잡혀서 죽을지 모르는 긴박한 생사의 갈림길에서 오직 하나님만을 갈망한다. 백척간두의 처지였지만 살아 계신 하나님의 얼굴을 구하며 눈물로 기도한다.

다윗은 하나님을 갈망하는 자신의 마음을 사슴이 광야에서 시냇물을 찾아 헐떡이는 모습으로 표현하고 있다. 사슴은 열이 많은 짐승이기에 물을 자주 마셔야 살 수 있다. 그러나 뜨거운 팔레스타인 광야에서, 특히 건기에는 물을 발견하기가 쉽지 않다. 오랜 가뭄으로 물이 부족한 상황에서 계곡 깊은 곳에 흐르는 시냇물은 짐승들 눈에는 더욱 띄지 않는다. 다윗은 바로 그 시냇물을 찾아 고통스럽게 울부짖으며 갈급해하는 사슴의 모습에 자신을 투영하여 자신이 지금 얼마나 하나님을 갈망하고 있는지 표현한다. 시편 42편 2절을 보면 하나님의 얼굴을 뵈옵기 원하는 다윗의 간절함을 느낄 수 있다. 그는 목숨이 위태로운 긴박한 상황에서 단순히 해결책을 찾지 않았다. 다윗은 하나님을 찾고 만나는 것에 집중하고 있다.

이렇게 위기의 순간 하나님을 갈망하는 곳에는 기적의 역사가 일어난다. 대표적으로 사도행전 16장에 등장하는 바울과 실라의 사건이 있다. 두 사람은 복음을 전하고, 귀신 들린 사람을 예수의 이름으로 고쳐 주었다는 이유로 매를 맞고 감옥에 갇혔다. 그러나 그들은 '어떻게 하면 이 감옥에서 탈출할 수 있을까'에 집중하지 않았다. 오히려 늦은 밤까지 하나님을 찾고 갈망하면서 마음을 다하여 찬양하고 기도했다. 그 순간 그들에게 성령님이 찾아오셨다. 큰 지진이 나서 옥문이 열린 것이다. 그뿐만 아니라 감옥의 모든 죄수를 묶었던 쇠사슬과 차꼬까지 풀어지는 기적의 역사가 일어났다.

더 놀라운 일은, 그런데도 그곳에 있던 죄수가 한 명도 도망가지 않았다는 사실이다. 나아가 그 일로 감동한 간수가 세례를 받고 하나님을 믿게 되었다. 이것은 분명 성령 하나님의 놀라운 역사가 아니면 설명할 수 없는 일이다.


## 예수님을 만나야 목마름이 해결된다

하나님의 사람들도 말할 수 없이 큰 고통을 겪는다. 성숙한 믿음을 가진 사람들의 공통점은 대부분 어려움이나 고난을 경험했다는 것이다. 그러나 그들은 하나같이 그 상황을 벗어나는 데 집중하기보다는 깊은 목마름으로 하나님의 얼굴을 갈망했다. 환경과 상황에 매몰되지 않고 하나님을 찾았다. 그때 하나님은 그들을 만나 주시고 기적의 역사를 보여 주셨다.

형들에게 미움을 받아 노예로 팔려 가서 억울한 감옥살이를 해야 했던 요셉도, 바벨론에 볼모로 잡혀갔던 다니엘과 그

친구들도 절망적 상황 속에서 낙심하지 않고 하나님의 얼굴을 구하며 하나님을 갈망하였다. 그 결과로 요셉은 감옥에서 신령한 은사를 받아 그 은사로 인해 애굽의 총리가 되었으며, 다니엘과 그 친구들은 하나님의 축복으로 인해 바벨론의 박사들보다 열 배나 뛰어난 지혜의 사람이 되었다.

예수님도 십자가라는 큰 고통의 상황에 직면하신 순간이 있었다. 십자가 고난을 앞두고 예수님은 겟세마네 동산에서 하나님의 얼굴을 갈망하고 구하며 간절히 기도함으로 온전히 승리하셨다. 이로써 제자들과 주님을 따르는 우리에게 친히 하나님을 갈망하는 자의 롤모델이 되어 주셨다.

사마리아 수가성의 어느 여인은 예수님을 만나기 전에는 여섯 번째 남편과 살아도 내면의 목마름이 해결되지 않았다. 하지만 그녀 인생의 목마름은 예수님을 만나면서 온전히 해결되었다. 예수님을 만나 하늘의 생수를 경험하는 순간 여인은 너무 기뻤고, 그 내면은 완전히 변화되었다. 사람들을 피해 뜨거운 한낮에만 우물가에 나와 물을 긷던 여인의 두려움과 불안이 사라져서 마을로 들어가 사람들에게 예수를 전하는 사람이 되었다.

우리도 이 수가성 여인처럼 많은 허물과 과거의 실수들이 있다고 할지라도 생수의 근원 되시는 예수님을 만나고자 하는 갈급함이 있을 때 기적이 일어난다. 예수님은 "누구든지 목마르거든 내게로 와서 마시라 나를 믿는 자는 성경에 이름과 같이 그 배에서 생수의 강이 흘러나오리라"(요 7:37-38)라고 말씀하셨다. 누구든지 예수님을 만나야 인생의 목마름이 해결된다.

우리에게 가장 시급한 일은 하나님의 얼굴을 구하는 것이다. 또한 인생에서 가장 궁극적으로 해내야 할 일은 하나님을 만나는 것이다. 삶 속에 어려움이 없는 사람은 없다. 어려움 가운데 직면해 있을 때일수록 하나님의 얼굴을 구해야 한다. 마치 목마른 사슴이 생존을 위해 시냇물을 찾아 헤매다가 결국 깊은 골짜기의 시냇물을 발견해 내고야 마는 것처럼 그렇게 하나님을 갈망하면 다윗처럼 그분을 만나게 된다.

우선순위가 뒤바뀌면 안 된다. 주님은 "찾으라 그리하면 찾아낼 것이요"(마 7:7)라고 말씀하셨다. 만일 우리가 주님의 얼굴을 구하는 일을 뒤로 미루거나 주님을 놓치고 살아가고 있다면 바로 그것이 가장 시급하게 해결해야 할 문제다.

# 깊은 상처를 다루는 법

마음의 상처가 없는 사람은 없다. 우리는 누구나 크고 작은 마음의 상처를 안고 살아간다. 상처받기를 바라는 사람은 없다. 그러나 내면에 손상을 줄 정도로 큰 아픔의 사건이나 상황은 사람을 가리지 않고 찾아온다.

물론 각자의 성정이나 인내심에 따라 같은 상황에서도 받는 상처의 크기는 다를 수 있다. 상처를 받는 요인이나 더욱 중요하게 생각하는 가치의 차이가 있을 수도 있고, 반응에 대한 민감성도 각자 다르다. 예를 들어, 히스기야 왕에게 있어서 삶의 최고 가치는 돈이나 사회적 지위가 아니라 신앙이었다. 그는 이웃 나라의 침략으로 경제적인 손해를 입었다고 해서 큰 상처를 받지는 않았다. 자존심이 상한 것도 크게 문제되지 않았다. 그에게는 하나님의 이름이 모욕당하거나, 하나님을

믿음의 정석

믿는 자신의 신앙이 조롱받는 상황이 더 견디기 힘들었을 것이다.

중요한 사실은, 상처가 그 순간에는 큰 아픔을 주지만 한 사람의 생애 전체를 놓고 봤을 때 마냥 부정적으로만 볼 수 없다는 것이다. 상처를 잘 다루기만 한다면 더욱 인격이 성숙하고, 지경이 확장되며, 인내심이 강해지는 기회가 될 수 있기 때문이다. 믿음의 사람이라고 해도 상처받지 않는 것은 아니다. 그러나 누구든지 받은 상처를 잘 치유하면 오히려 전화위복의 결과를 경험할 수 있다.

## 감정의 괴로움은 나만의 것이 아니다

일반적으로 큰 상처는 가장 가까운 사람을 통해 받는다. 잘 모르는 사람이 한 말이나 행위 때문에 크고 깊은 상처를 받지는 않는다. 인생을 통틀어 가장 큰 상처는 자신이 믿고 신뢰했던 사람의 말이나 행동 때문에 생긴다. 내 편이라고 생각했던 사람의 말이나 판단이 기대와 다를 때 큰 상처를 받는 것이다. 또 자신이 중요하다고 여기는 영역이나 가치가 손상될 때 우리는 큰 충격과 상처를 받는다. 그리 중요하게 생각하지 않는 영역을 통해서는 비교적 상처를 받지 않는다.

예를 들어, 명예를 중요하게 여기는 사람은 자신의 명예가 손상되는 상황에서 큰 상처를 받는다. 돈을 삶의 최고의 가치로 여기는 사람은 그것이 피해를 보는 상황이 생기면 큰 상처와 아픔을 겪는다. 마찬가지로 신앙을 삶의 최고의 가치로 여기는 사람은 신앙생활의 영역이 손상되거나 하나님의 이름과 명예가 더럽혀지거나 그리스도의 몸인 교회의 명예가 실추되는 상황이 되었을 때 가장 큰 상처와 아픔을 겪게 된다.

몇 해 전 코로나 팬데믹의 상황은 개인적으로 내가 가장 소중하게 여기는 것이 무엇인지를 발견하는 시간이었다. 정부의 행정 조치로 예배가 제한받고, 한국 교회가 각종 언론의 공격을 받으며, 근거 없는 악성 루머가 유포되는 상황에서 평소에는 평정심을 잘 잃지 않는 내 내면에 나 자신도 당황하리만치 분노가 끓어올랐다. 이런 것을 보면서 '나에게 있어서 최우선의 가치는 하나님이구나', '나에게 가장 소중한 것은 예배와 교회구나'라는 사실을 알 수 있었다.

히스기야도 그랬던 것 같다. 히스기야는 남유다의 제13대 왕이었다. 그는 B.C. 715년, 25세의 나이에 왕이 된 이후 29년 동안 남유다를 통치하였다. 그는 남유다의 3대 현군(여호사밧, 히스기야, 요시야) 중 한 사람으로 인정받을 정도로 백성들의 안위를 위해 하나님 앞에서 최선을 다한 왕이었다.

무엇보다 그는 하나님의 말씀을 철저히 준수하고 말씀대

믿음의 정석

로 나라를 치리하려고 힘썼다. 그 결과 종교개혁과 같이 왕궁 안팎으로 많은 변화와 개혁을 일으켰다. 히스기야가 일으킨 개혁의 기준은 하나님의 말씀이었다. 바알과 아세라 신상들을 깨뜨렸으며, 부친 아하스가 더럽혔던 성전을 정결케 하고, 닫힌 성전 문을 열고 예배를 회복하였다. 이미 기울어졌던 국운을 일으키기 위해 애썼으며, 신흥 강대국인 앗수르의 위협 속에서도 위기의 정국을 돌파하기 위해 무던히 하나님을 의지한 왕이었다.

그가 이렇게 하나님을 의지하며 나라의 재건을 위해 몸부림치며 통치한 지 14년째가 되었을 때의 일이다. 앗수르의 왕 산헤립이 직접 대군을 이끌고 남유다를 침공해 왔다. 그 결과 예루살렘을 제외하고는 거의 모든 성읍을 점령하고 말았다. 그리고 장군 랍사게를 보내 예루살렘에 피난해 있던 유다 백성들에게 하나님을 의지하는 히스기야 왕의 무능력함을 선포하였다. 백성들이 왕을 신뢰하지 못하도록 심리 전술을 펼친 것이다. 이 일로 히스기야는 내면에 견고하게 붙들고 있던 신앙에 대한 도전을 받는다.

앗수르 제국은 이미 B.C. 722년에 북이스라엘을 무너뜨린 적이 있기 때문에 남유다의 입장에서는 백척간두의 심정이었을 것이다. 그들이 의지할 수 있는 유일한 희망은 히스기야 왕이 믿고 의지하던 하나님밖에 없었다. 그런 상황에서 적장의 입을 통해 '히스기야를 의지하는 유다 백성들이 가장 불쌍한 사람들'이라는 조롱을 들었으니 그의 마음은 실로 견디기 어려웠을 것이다. 울분과 분노가 끓어올랐음에도 정말 아무것도 할 수 없었으니 그의 내면은 큰 수치심과 좌절감으로 가득 찼을 것이다. 히스기야는 한 나라의 왕이었지만 우리와 똑같은 사람이었다. 당연히 느끼는 감정도 우리와 같지 않았겠는가. 혼자도 아니고 많은 백성 앞에서 적군의 장군에게 조롱과 멸시를 받았으니 내면의 고통과 상처가 얼마나 컸겠는가.

우리가 어떤 고통과 상한 감정을 느꼈을 때 먼저 알아야 하는 사실이 있다. 그 감정과 상처가 나 혼자만의 것이 아니라는 점이다. 대부분의 사람이 그런 비슷한 감정을 느낀다. 부정적인 감정을 자신의 내면 깊숙이 쌓아 두는 것은 정신 건강과 육체 건강에 좋지 않다. 따라서 우리는 자신의 감정에 충실하고, 그것을 숨기지 않아야 한다. 그것이 자신을 위한 지혜로운 태도다.

## 감정을 솔직하게 표현하라

극단적 고통의 상황에서 히스기야가 취했던 태도를 우리는 주목해야 한다. 그를 통해 우리도 고통과 아픔의 상황에 처할 때 극복할 수 있는 길을 발견한다.

**첫째, 히스기야는 자신의 감정에 솔직하게 반응했다**(사 37:1). 자신의 슬프고 고통스러운 감정을 숨기지 않고 그대로 표현했다.

> 히스기야 왕이 듣고 자기의 옷을 찢고 굵은 베옷을 입고 여호와의 전으로 갔고 사 37:1.

당시에 옷을 찢는 행위는 극심한 분노와 슬픔을 표현하는 관습적인 행위였다. 히스기야는 굵은 베옷을 입고 있었는데, 이것은 극도의 슬픔과 재난의 때나 참회할 때 입는 옷이었다. 히스기야는 국가적 수치에 직면하여 굵은 베옷을 입고서 깊은 슬픔을 표했다. 그뿐만 아니라 이를 다른 사람들이나 앞선 선조들의 책임으로 전가하지 않고 자신의 허물로 돌리면서 하나님 앞에 회개했다.

우리나라의 문화적 전통은 감정을 솔직하게 드러내는 것을 억누르는 편이지만, 성경은 울어야 할 상황에서 울어야 함을 강조한다(시 126:5-6; 눅 23:28). 자신의 감정을 직면하여 이를 잘 처리하지 않으면 나중에는 그것이 자기 내면의 유연함과 균형을 깨뜨릴 수도 있다. 이로 인해 감정 표현이 어려워져서 원만한 인간관계를 맺기가 쉽지 않게 된다. 제대로 처리가 안

된 감정은 내면에 쓴 뿌리가 되어 자신과 상대방에게 더 큰 상처를 안겨 주는 부정적이고 역기능적 상황을 끊임없이 만드는 것이다.

히스기야는 왕의 신분이었지만 자신의 감정을 여과 없이 솔직하게 드러낸다. 자신이 너무나 슬픈 상황임을 하나님 앞에, 그리고 백성들 앞에 드러내는 것을 주저하지 않았다. 슬픔이나 연약한 감정을 드러낸다고 해서 권위가 약해지거나 리더십이 무너지는 것은 아니다. 성경 속에서 걸출한 리더십의 표본인 다윗도 어찌 보면 울보라고 할 정도로 너무나 많이 울었다. 욥도 그랬고, 요셉도 그러했다.

이 땅에 오신 예수님도 한없는 사랑을 표현하기도 하셨고, 분노를 표현하기도 하셨으며, 나사로의 죽음 앞에서는 울기도 하셨다. 십자가의 잔을 마셔야 하는 상황에서 예수님은 땀방울이 핏방울 되기까지 기도하셨고(눅 22:44), 아버지 하나님께 이 잔을 마시지 않게 해달라고 애원하는 기도를 올리셨다(눅 22:42). 이는 감정을 숨기지 않고 표현하는 '아버지와 아들의 관계'의 건강하고 성숙한 롤모델이다.

예수님이 하나님 아버지께 있는 그대로 감정을 표현하셨던 것처럼, 가정에서는 자녀가 부모에게 감정을 숨기지 않고 표현할 수 있어야 한다. 과거 우리는 유교적이고 가부장적인 문화 탓에 가정에서 감정을 표현하는 것이 익숙하지 못한 환경에서 자라 왔다. 이렇게 자란 자녀들이 결혼하여 가정을 이룬 뒤에는 억눌린 감정의 역기능이 대물림되어 그들의 자녀들이 쓴 뿌리를 그대로 답습하곤 했다. 지혜로운 사람은 자신의 감정에 솔직하게 직면하며 쓴 뿌리를 끊어 낸다.

나는 아버지를 일찍 여의고 조부모님 슬하에서 자랐다. 감정이 어둡고 경직될 수 있는 상황에서 자랐지만, 하나님 안에서 억눌린 감정을 풀어내며 치유받을 수 있었다. 그 덕분에 유연하게 감정을 관리한다는 말을 많이 듣곤 한다. 원하지 않는 상황이 와도 주님의 은혜와 도우심으로 웬만해서는 부정적인 감정에 얽매이지 않고 긍정적으로 받아들일 수 있게 되었다. 무엇이든 너무 경직되면 언젠가 깨져 버리고 말기에 억울한 감정도 하나님 앞에서 빨리 풀 수 있는 지혜로운 태도가 필요하다.

> 우리에게 있는 대제사장은 우리의 연약함을 동정하지 못하실
> 이가 아니요 모든 일에 우리와 똑같이 시험을 받으신 이로되
> 죄는 없으시니라 히 4:15.

예수님은 우리의 모든 연약함까지도 공감하고 체휼하신다고 했다. 성육신하신 예수님이 우리의 모든 연약함을 아신다. 예수님이 하나님 앞에서 감정을 숨기지 않고 표현하신 것처

럼 우리 모두 하나님과 이런 건강한 관계가 되어야 한다.


## 있는 그대로 하나님께 아뢰라

*둘째, 히스기야는 하나님께 자신의 상한 감정과 상처의 원인까지 가지고 나아갔다*(사 37:1, 14). 그는 슬프고 고통스러운 감정을 홀로 갖고 있지 않았다. 하나님께 솔직하게 표현했다. 아픔의 상황을 스스로 해결하거나 원수를 갚으려고 하지도 않았다. 상한 감정이 자신에게 충격과 상처를 주지 않도록 표현하면서 그대로 하나님께 아뢰었다.

> 수고하고 무거운 짐진 자들아 다 내게로 오라 내가 너희를 쉬게 하리라 마 11:28.

우리가 어떤 문제를 해결 받기 위해서도 기도해야 하지만, 내 감정의 치유를 위해서도 기도해야 한다. "하나님, 제가 지금 너무 힘들어요. 너무 화가 나요. 억울한 일을 당했어요. 제 감정과 상황을 받아 주세요"라고 기도하며 하나님께 나아가야 한다. 자기의 감정을 다 펼쳐 보이면서 하나님께 삶의 문제를 올려 드려야 한다.

믿음의 정석

엘가나의 아내였던 한나도 자신에게 주어진 문제를 하나
님께 눈물로 올려 드렸다. 엘가나의 둘째 부인인 브닌나가 자
식이 없는 한나를 심히 격분하게 할 때, 한나는 통곡하면서 괴
로운 감정과 문제를 하나님께 다 아뢰었다(삼상 1:10). 이렇게
우리도 있는 그대로 하나님께 다 아뢰어야 한다. 억울하면 억
울하다고, 외로우면 외롭다고, 힘들면 힘들다고, 피곤하면 피
곤하다고, 가진 것이 없으면 없다고, 괴로우면 괴롭다고 다 아
뢰어야 한다.

우리는 한두 개의 현실 문제 해결을 위한 제목만을 가지고
기도하곤 한다. 그러나 내 감정과 문제의 보따리까지 하나님
앞에 전부 풀어놓아야 한다. 사람에게는 너무 자주 마음을 털
어놓거나 솔직하게 말하기가 조심스럽지만, 하나님께는 매일
찾아가서 아무리 많은 것을 털어놓아도 상관이 없다. 전지전
능하신 하나님 앞에서 감정을 숨기지 말아야 한다.

## 성전에 올라 함께 기도하라

셋째, 히스기야는 하나님의 성전에 올라가 자신의 감정과 고
통을 기도로 아뢰었다(사 37:15-17; 왕상 8:29, 33, 34). 우리는 성전
에 올라가는 것을 가볍게 생각하지 말아야 한다. 예배는 하나

님을 대면하는 것이다. 그래서 나는 코로나 팬데믹 상황에서도 '비대면 예배'라는 용어를 사용하지 않았다. 물론 기저질환과 같은 특수한 상황에 처한 분들도 있지만, 성전에 올 수만 있다면 어떻게든 히스기야처럼 성전에 올라가서 기도해야 한다. 성전은 특별한 곳이다. 하나님은 성전에서 올려 드리는 기도를 받으신다. 구별된 하나님의 성전에서 찬양이 올라가고 기도가 올라갈 때 그들의 땅을 고쳐 주겠다고 하셨다(대하 7:14).

아울러 히스기야는 산헤립이 보낸 하나님의 이름을 모욕하는 편지를 그대로 여호와의 성전으로 가지고 올라가 펼쳐놓고 기도했다(사 37:14). 그는 사람이나 상황을 향해 욕하거나 맞서 싸우지 않았다. 그 대신에 모든 감정과 상황을 하나님께 가지고 나아갔다.

**넷째, 히스기야는 믿을 만한 사람에게 마음을 나누고 기도를 요청했다**(사 37:2, 21). 히스기야가 자신의 참을 수 없는 상황을 알린 사람은 당대 영적 지도자였던 이사야다. 이사야는 하나님의 사람이었다. 그리고 이사야가 하나님께 히스기야와 같은 마음으로 합심하여 기도할 때 산헤립이 곧 본국으로 돌아갈 것이라는 하나님의 응답을 받는다. 이사야의 예언대로 산헤립은 구스라는 나라의 침입 소식을 듣고 앗수르를 방비하기 위해 서둘러 돌아간다. 또 하나님의 응답에는 예루살렘 성을 포위하고 하나님의 이름을 모욕한 자들을 하룻밤 만에 다

쓸어버리겠다는 말씀도 있었다. 하나님은 약속대로 여러 천사도 아닌, 한 천사(여호와의 사자)만을 보내셨는데, 하룻밤 새에 앗수르의 군사 18만 5,000명이 몰살당하는 기적이 일어났다.

## 상처와 수치를 신원해 주신다

이렇게 하나님은 전지전능하시고, 우리의 기도에 신실하게 응답하신다. 하나님은 또한 기적의 하나님이시며, 우리의 상처와 수치를 씻어 회복시켜 주시는 분이다.

> 36 여호와의 사자가 나가서 앗수르 진중에서 십팔만 오천인을 쳤으므로 아침에 일찍이 일어나 본즉 시체뿐이라… 38 자기 신 니스록의 신전에서 경배할 때에 그의 아들 아드람멜렉과 사레셀이 그를 칼로 죽이고 아라랏 땅으로 도망하였으므로 그의 아들 에살핫돈이 이어 왕이 되니라 사 37:36, 38.

하나님은 역사의 주관자이시다. 하나님은 인간의 생사화복과 국가와 민족의 흥망성쇠를 주관하신다. 사실 당시에 앗수르는 세계를 정복할 만한 압도적인 전력을 갖고 있었다. 그러나 그들이 오만하게 하나님의 이름을 모욕한 순간 그들은 역사의 뒤안길로 사라졌다. 하룻밤 사이에 18만 5,000명이라는 군사를 잃은 산헤립은 앗수르로 돌아가서 자기 아들에게 살해당하는 비참한 최후를 맞이한다. 그 후 앗수르는 바벨론에 허망하게 패망하고 말았다.

이처럼 우리도 히스기야처럼 자기의 감정과 아픔을 있는 모습 그대로 주님께 가지고 나아가야 한다. 우리가 하나님 앞에서 자신의 감정과 아픔에 솔직할 뿐만 아니라 그것을 하나님의 전에 가지고 나아올 때 치유의 기적을 경험하게 될 것이다.

사탄 마귀는 사람과 환경을 통해 우리에게 충격과 상처를 주기 위해서 불화살을 쏜다. 우리는 그럴 때마다 생기는 아프고 억울한 감정을 솔직하게 드러내야 한다. 육체적 아픔이든 내면의 아픔이든 이를 부끄럽게 여기며 숨겨서는 안 된다. 사람은 누구든지 아플 수 있고, 또한 아픈 것이 당연하다. 마음의 아픔을 숨기는 것은 내 감정을 옭아매는 것이다. 억누를 필요가 전혀 없다. 하나님 앞에서 자신의 아픔을 솔직하게 고백하고, 울고 싶으면 실컷 울어야 한다. "하나님, 너무 아파요. 받아 주세요. 하나님, 만져 주세요" 하고 기도해야 한다. 하나님이 우리 마음을 만져 주시면 금세 안정을 되찾을 수 있다.

히스기야가 이사야를 찾아가서 기도를 부탁하고 같이 협력했더니 놀라운 일들이 일어났던 것처럼, 우리도 하나님께

나아가 내 감정을 솔직하게 표현하고 기도하면 상처가 치유
되고 회복될 것이다.

# 폭풍 속에서 답을 찾다

_____ ○

넓은 바다를 항해하는 배들이 예측하지 못한 풍랑을 만나
는 것처럼, 인생이라는 항해에 있어서도 종종 갑작스러운 풍
랑을 만난다. 그러나 하나님은 항상 그분의 계획 안에서 합력
하여 선을 이루게 하시는 분이다.

바울은 하나님의 부르심을 받고 불타는 영혼 구원의 열정
에 붙들린 바 되어서 땅끝까지 복음을 전하라는 주님의 지상
명령을 성실하게 감당한 사도였다. 하나님은 바울이 로마에
서도 복음을 증거하도록 일찍부터 계획하고 준비시키셨다.
베드로도 말년에 로마까지 가서 이방인에게 복음을 전하기는
했지만, 전반적으로 유대라는 지역적, 문화적 경계를 완전히
극복하지는 못했다. 이방인에 대한 이해도가 낮아서 세계관
의 충돌이 있었으며, 언어적인 제약도 있었다. 이에 비해 바울

믿음의 정석

은 이방인 사역에 준비된 자였다. 타 문화권에 대한 충분한 이해와 언어가 준비되었고, 세상의 각 분야를 객관적으로 이해할 수 있는 학문과 지식도 준비되어 있었다. 나아가서는 사명을 감당할 수 있는 영적인 능력을 하나님께 받아 준비된 사람이었다.

그랬던 바울이 죄수의 신분으로 로마로 압송되었다. 죄목은 예수 그리스도의 부활과 복음을 전하고, 귀신 들린 사람에게서 귀신을 쫓아낸 행동이 세상에 혼란을 일으켰다는 것이었다. 바울은 그야말로 거센 풍랑 속에서 죄인의 신분으로 자유가 완전히 박탈된 것 같았다. 그런데 여기서 우리는 바울의 태도와 처신에 주목할 필요가 있다.

## 폭풍을 만난 이유가 있다

바울이 탄 배가 큰 풍랑을 만났다. 거대한 폭풍은 배 안에 있던 276명의 사람들 모두에게 커다란 위기였다. 폭풍은 두려움과 불안, 죽음의 공포는 물론 재산상의 큰 손실과 함께 커다란 상실감을 가져다준다. 인생의 여정에서도 우리는 폭풍과 같은 고난을 만나게 된다.

폭풍 만난 사람들 속에는 바울도 있었다. 그는 죄인의 신분으로 이 배를 탔다. 로마 시민권자였던 바울은 충분히 폭풍을 피할 수 있는 사회적 지위에 있었다. 그에게는 적법한 재판 절차를 통해서 자신을 변호하고 죄가 없음을 증명할 권리가 있었다. 로마 시민을 정당한 재판 과정을 거치지 않고 결박하거나 채찍을 가하는 것은 금지되어 있었기 때문에 바울은 자신의 권리를 주장하며 사전에 로마로 압송되는 상황 자체를 피할 수 있었다.

게다가 바울은 예루살렘에 입성한다면 유대인들에 의해 결박당하고 이방인들에게 넘겨지리라는 아가보 선지자의 예언(행 21:10-11)도 들었다. 바울을 사랑하던 많은 사람이 바울의 여정을 만류하는 상황(행 21:12)이었기에 못 이기는 척하며 편한 길을 선택해도 아무도 비난할 수 없는 상황이었다. 얼마든지 피할 수 있는 폭풍이었다.

그러나 바울에게는 모든 민족, 땅끝까지 복음을 전하고자 하는 지상 '대위임령'(마 28:18-20)에 대한 분명한 계획과 목표가 있었다. 바울은 소아시아에서 마게도냐와 아가야를 경유하여 예루살렘에 갔다가 다시 로마로 가서 예수 복음을 전하는 것이 자신의 사명임을 알았다. 세계의 중심지였던 로마에서 복음을 전하는 것이 자신을 향한 하나님의 계획임을 분명히 알고 있었다. 그래서 로마 시민권을 통해서 자유를 얻는 쪽을 선택하지 않고 오히려 로마 황제 가이사에게 상소한다. 애

초에 예수 그리스도의 십자가 복음과 부활을 전하지 않았더라면, 예루살렘에 들어가지 않았더라면 잡히지도 않았을 것이다. 그러나 그는 자신의 권리를 주장하는 일에는 침묵했으며, 예수 그리스도를 전하는 일에 있어서는 결코 침묵하지 않았다. 그는 복음을 전하기 위해서라면 자신의 생명조차 조금도 아끼지 않겠다는 사명자로서의 의지를 단호하게 고백했다 (행 20:24).

그들이 풍랑을 만난 이유에 대해 이렇게도 생각해 볼 수 있다. 사실 바울은 풍랑 위험에 대한 다방면의 정확한 정보를 갖고 있었다. 그는 이미 어릴 때부터 지중해 연안을 오고 갔던 여러 차례의 여행 경험이 있었기 때문에, 지금 출항하면 위험하다는 것을 예견하고 있었을 것이다. 성령의 사람이었던 바울은 영적으로 위험을 감지했고, 죄수 호송의 총책임자인 백부장에게 항해의 위험을 알리며 권면했다. 그러나 백부장은 선장과 선주의 말을 따라 미항(美港, 그레데 섬 남쪽 해안에 있는 아름다운 항구)에서 뵈닉스(Phoenix)를 향해 출항했다. 거기서 그들이 탄 배는 강력한 풍랑을 만나 칠흑 같은 어둠 속에서 이리저리 끌려다녔다. 지금처럼 단단한 철판으로 만든 대형 선박이 아니고 돛을 올리고 노를 저어서 움직이는 목선이었기에 더욱 극심한 불안과 죽음의 공포를 느꼈을 것이다.

그들이 폭풍을 만난 이유는 첫째, 성령의 사람이었던 바울의 말보다 세상 전문가의 말을 더욱 신뢰하는 인간의 교만 때문이었다(행 27:11). 둘째, 하나님의 종인 바울의 영적인 예측이 담긴 말을 신뢰하지 않는 불순종 때문이었다.

백부장은 금식하는 절기 이후의 돌풍으로 인한 항해는 불가능하다는 경험적이고도 객관적 정보마저 무시했다. KAIST 생명과학부 김대수 교수는 "과학은 객관적 정보나 대상을 3인칭으로 보지만, 하나님 시각에서 보면 그것을 포함한 인간의 모든 생사화복은 전지적 시점이 된다"라고 했다. 객관적이고 경험적인 지식도 굉장히 중요하지만, 세상을 다스리시고 생사화복을 주관하시는 분은 하나님이다.

## 폭풍 속에서도 사명이 있다

하나님은 폭풍 속에 있는 하나님의 사람에게 사명을 주셨다. 사명이 있는 사람은 죽지 않는다. 사명이 남아 있는 한 하나님이 살려 주신다는 사실을 믿어야 한다. 결국 사명을 지닌 사람, 믿음의 사람, 성령의 사람, 준비된 사람, 순종의 사람이었던 바울 덕분에 배를 탄 276명 전원이 생존했다. 배는 파선했지만 하나님이 폭풍 속에서 주신 말씀 그대로 한 사람도 죽지 않고 멜리데(Melita: 지금의 몰타)라는 섬에 도착한다. 그리고 섬에 있던 원주민들도 바울을 통하여 예수님을 영접하고 치유의 역사를 경험하게 된다. 바울은 로마에 가서도 사람들을 살려 내고 위로하며 영혼들을 구원하는 사역을 감당했다. 결국 하나님의 사람은 어디를 가든지 사람을 살려 낸다. 너희는 세상의 빛이요, 소금이라고 하신 말씀처럼(마 5:13-16), 세상의 한복판에서 사명을 감당할 줄 알아야 한다. 이것이 진정으로 선한 영향력을 발휘하는 사람이다.

바울에게 폭풍 속 사람들을 구해야 하는 사명이 주어진 것처럼, 우리도 어렵고 힘들게 살아가는 사람들을 구해야 한다. 믿음의 사람들이 세상 사람들을 도와주고 문제를 해결해 주는 도구로 쓰임 받아야 한다. 또한 바울에게 폭풍 속에서 낙심한 사람들을 위로해야 하는 사명도 주어졌다. 우리도 힘들고 답답한 삶을 살아가는 세상 사람들에게 하나님이 함께하시고 도와주신다는 위로의 메시지를 전해야 한다. 바울이 폭풍이 몰아치는 한복판에서 그들을 구원해 내는 사명을 감당한 것처럼, 우리도 세상의 한복판에서 끊임없이 사명을 감당해야 한다.

바울은 어떻게 온전히 사명을 감당할 수 있었을까? 그는 지적인 면에서 준비되어 있었다. 일찍부터 심도 있는 학문을 연마했고 다른 나라의 언어를 준비했다. 이 시대의 청소년들이나 청년들도 세상을 이끌어 가려면 준비를 해야 한다. 학업에 충실하고 독서도 많이 하고 어떤 과정을 통과하든지 목숨을 거는 자세로 임해야 한다. 시험이라는 관문이 인생과 꿈을 가로막게 놔둬서는 안 된다. 할 수만 있다면 모든 과정을 통과해야 세상을 이끌어 가는 위치에서 영향력을 끼칠 수 있다.

내가 목회자가 되어 설교를 하다 보니 어릴 때부터 읽었던 글이나 습득한 지식 또는 고민했던 문제들이 설교할 때 종합적으로 응용되어 나오곤 하는 것을 느낀다. 그래서 어릴 때 조금 더 많은 공부와 독서를 하며 실력을 쌓았다면 얼마나 좋았을까 하는 아쉬움이 생긴다. 부족하지만 지금이라도 영어 방송이나 영어 강의를 수시로 들으면서 언어에 대한 감각을 잃지 않으려고 노력한다. 언제든지 세계를 향해 예수님을 전하고 설교하고자 하는 선교의 비전 때문이다.

이렇게 믿는 사람은 더 많은 경험적 지식을 습득하려는 노력을 게을리하지 말아야 한다. 적극성, 진취성, 능동성을 가져야 한다. 우리는 세상에 영향력을 발하고 세상을 선도하며 이끌어 가야 하는 사명이 있기 때문에 할 수만 있으면 겸손한 자세로 배우기를 멈추지 말아야 한다. 바울이 어릴 때부터 적극적으로 쌓은 경험적 지식을 하나님은 훗날 사용하셨다. 아브라함도 국경을 넘나들며 열여섯 번의 이사를 하는 경험을 통해 전 세계를 품는 열국의 아비로 준비될 수 있었다.

또한 믿는 사람은 영적 통찰력을 갖기 위해 하나님께 구해

믿음의 정석

야 한다. 바울 또한 영적 지식이 있는 사람이었다. 과거에는 IQ(지능지수) 혹은 EQ(감성지수)가 높은 사람이 리더십을 발휘했다면, 요즘은 SQ(영성지수, Spiritual Quotient)가 뛰어난 사람이 21세기를 이끌어 나갈 것이라고 말한다. 구약의 요셉도 뛰어난 통찰력을 소유한 사람이었다. 요셉은 아무도 예견하지 못하는 7년 풍년과 7년 흉년의 미래를 하나님께 받아 깨달았다. 결국 요셉은 애굽의 수많은 백성을 먹여 살리고, 자기 아버지와 형제들도 살려 냈다. 이처럼 아무도 가지 못한 길을 바라보게 하시고 만들어 가게 하시는 분은 하나님이다.

우리는 어디서든 길을 만드는 사람들이 되어야 한다. 내가 현재 시무하는 교회에 처음 부임했을 때, 예배를 마치면 성도들이 썰물처럼 곧바로 빠져나가기에 고민하던 중 장로님들과 상의하여 교회 곳곳에 테이블과 의자를 배치했다. 지금은 모임과 교제의 장소로 자리 잡아서 예배를 마치고도 성도들이 곳곳에 앉아 이야기꽃을 피운다.

그런데 청년들은 여전히 예배 후 교회 밖으로 바로 나가기에 가만히 살펴보니 외부 카페에서 모임을 갖는 것이었다. 유행에 민감한 청년들을 수용하기에는 교회 카페가 너무 좁았던 것이다. 우리 교회 청년들을 세상에 빼앗기는 것 같아 조금 화가 났다. 그래서 거룩한 욕심을 가지고 카페 공간 확장을 시작했다. 처음에는 규모를 조금 늘리려고 하다가 나중에 후회하지 않도록 처음 계획보다 더 크게 안쪽까지 확장을 감행했다. 사실 일반 카페와 비교해서 교회 안에 있는 카페는 외부인이 접근하기에 불리한 구조라고 할 수 있다. 그래서 가장 먼저 지역 주민 선교를 위해서 외부에서 카페로 바로 들어올 수 있는 입구들을 만들었다. 그리고 반신반의하는 분들에게 '스타벅스'를 이기는 카페를 만들겠다고 선언했다.

어떻게 세상의 카페를 이길 수 있을까를 고민하다가 '맛, 친절함, 청결함, 분위기'를 모두 개선했다. 최고 수준의 원두와 재료를 사용하고, 청년들 가운데 매니저를 선발해서 선교적 마인드와 친절함을 심어 주었다. 또한 코로나 기간에 위생과 방역을 더욱 철저하게 신경 썼으며, 인테리어 디자인도 하나하나 고민하며 결정했다. 기존 시공 업체에 무조건 맡기면 구태의연하고 진부한 실내 디자인이 나올까 염려되어 성령님께서 주시는 지혜로 철저하고 디테일한 부분까지도 자세하게 주문했다. 새로 확장해 단장한 카페를 열고 나니 교회 안팎에서 호평이 쏟아졌다. 현재 교회 카페를 찾는 주중 방문객의 80%가 우리 성도가 아닌 외부인이라는 것은 감사한 일이다.

우리는 "먹든지 마시든지 무엇을 하든지 다 하나님의 영광을 위하여"(고전 10:31) 해야 한다. 세상보다 뒤처져서는 안 된다. 교회 안에서든지 밖에서든지 무엇을 하든 최선을 다해 앞서가며 선도해 나갈 줄 알아야 한다.

## 사명을 감당할 리더십을 주신다

폭풍의 시간은 하나님을 만나는 특별한 시간이다. 폭풍 속에서 하나님을 만나야 한다. 하나님을 만난 사람은 폭풍 속에서도 답을 발견한다. 하나님을 만난 사람은 긍정적인 사람이 된다(행 27:22-24). 하나님과 함께하는 사람은 어떤 상황에서도 길을 만들어 간다. 우리는 폭풍 속에서도 하나님과 함께하면 길이 있다는 정신을 가지고 도전할 수 있다. 우리 젊은이들도 끊임없이 세계를 향해 도전해야 한다.

바울은 어쩔 수 없이 죄수의 신분으로 호송선에 타게 되었지만, 폭풍 속에서 하나님을 만났다(행 27:23). 하나님이 보내신 사자를 통해 말씀을 받은 것이다. 하나님은 말씀하시는 분이다. 하나님은 일반적으로 기록된 말씀을 통해서 우리에게 말씀하신다. 또한, 성령의 특별한 감동을 통해서 우리에게 말씀하시기도 한다. 하나님은 바울에게 두려워하지 말라고 말씀하시면서, 로마 황제 가이사에게 복음을 전할 사명이 있음을 알려 주셨다.

이 땅에 살아가는 우리는 폭풍 속에 있는 것과 마찬가지다. 예수 믿는 우리가 깨어서 혼란에 빠진 세상을 구해야 한다. 세상을 이끌어 가고 영향력을 발하며 하나님께 영광 돌려야 한다. 얼마 전 인도네시아에 세워진 ㈜신원 공장을 방문하여 예배를 드리며 많은 감동을 받은 적이 있다. 섬유·패션 전문 신원그룹의 박성철 장로님이 무슬림이 대부분인 나라에 32년 전에 진출하여 건립한 세계적인 공장인데, 현재는 수많은 인도네시아의 젊은이들이 예배를 드리고 춤추며 찬양하는 기적을 이룬 것을 보며 큰 도전을 받았다.

믿음의 사람, 성령의 사람, 하나님의 사람은 남이 보지 못하는 것을 보고, 길을 개척할 줄 안다. 하나님이 우리를 창조하시고 하나님의 자녀로 불러 주신 것은 우리를 향한 계획이 있으시기 때문이다. 예수님이 길이요 진리요 생명이 되신다고 하셨다(요 14:6). 우리의 삶 가운데 수동적으로 반응하지 말고 길을 여시는 하나님을 의지하며 진취적으로 도전해야 한다. 하나님을 만난 사람은 미래 지향적 희망을 현재형으로 노래하게 된다(행 27:22).

또한, 하나님을 만난 사람에게는 리더십이 주어진다(행 27:24). 생사화복을 주관하시는 하나님은 바울을 살려 주실 뿐만 아니라 그에게 리더십을 주셨다. 처음에는 죄인의 신분이었던 바울의 리더십이 서지 않았지만 결국 하나님은 배에 탄 276명이 바울의 말을 따르도록 상황을 만들어 주셨다. 하나님은 믿음의 사람, 성령의 사람, 사명의 사람의 손을 들어 주신다. 인생을 살아가면서 타인이 나를 알아주지 않는다고 실망하지 않기 바란다. 하나님이 때가 되면 높여 주시고 리더십을 주신다.

역사의 주인공은 믿음의 사람, 즉 하나님의 말씀을 그대로 믿는 사람이다. 하나님은 모세를 80세까지 연단시키고, 80세부터 40년을 쓰셨다. "하나님이 반드시 내 손을 들어 주신다. 하나님은 믿음의 사람 편이다"라는 사명 의식을 가져야 한다. 사명이 있는 사람은 믿음을 가지고 끝까지 사명을 따라 살아가게 된다. 믿음의 사람들이 또한 사명 의식을 가지고 살 때 가정과 세상에서 진정으로 영향력 있는 인물이 된다.

하나님이 주시는 영감의 지식과 믿지 않는 사람들이 보지 못하는 통찰력으로 사명의 길을 만들어 가면서 세상에서 진정으로 영향력 있는 인물이 되기를 바란다.

# 시련의 이유가 해석되지 않을지라도

하박국서는 레위 지파의 배경을 가진 유다 선지자인 하박국이 묵시적으로 받은 하나님의 말씀이다. 하박국서는 일종의 신앙 변증서라고 할 만큼 중요한 신학 사상을 담고 있다. 믿는 자라면 누구나 한 번쯤 의문을 제기할 수 있는 신앙 문제에 대한 명쾌한 해답을 제시해 주고 있다.

하박국은 신앙에 대한 의문을 두 가지 질문을 통해 표출하고 있다.

## 왜 내 부르짖음을 듣지 않으십니까

첫째, 하박국은 유다의 도덕적·영적 타락에 대해 침묵하시

믿음의 정석

는 하나님께 이렇게 질문한다.

> 여호와여 내가 부르짖어도 주께서 듣지 아니하시니 어느 때
> 까지리이까 내가 강포로 말미암아 외쳐도 주께서 구원하지
> 아니하시나이다 합1:2.

여호야김 왕(B.C. 609~598) 때에 이스라엘 백성들은 하나님의 율법을 지키지 않고 이방 신을 섬겼으며, 이스라엘 사회에서는 온갖 불의와 악행이 자행되었다. 하박국서 1장 1-4절에는 당시의 도덕적·영적 타락과 부패를 보여 주는 일곱 가지 표현들이 언급되고 있다. 강포, 죄악, 패역, 겁탈, 변론과 분쟁, 율법의 부재, 왜곡된 정의다.

하박국은 '껴안은 자'라는 자신의 이름처럼 당시의 도덕적·영적 부패의 시대를 바라보면서 그 문제를 껴안고 하나님께 부르짖으며 기도하던 선지자였다. 그러나 자신의 기도에 침묵하시는 듯한 하나님을 이해하지 못했다. 그는 도덕적·영적 타락상에 관해서 외쳤지만 아무런 변화가 일어나지 않은 것에 대한 강한 의구심과 회의감을 담아 하나님께 부르짖었다.

하박국의 질문은 어쩌면 우리 모두의 질문이기도 하다. 불의한 자의 득세, 불공정한 사회, 도덕적으로 타락한 사회의 모

습, 믿는 자들의 일탈과 말씀을 떠나 사는 삶, 사회적 약자에 대한 억압 등 어찌 보면 하나님을 믿는 사람이라면 누구나 하나님은 이 상황에서 무엇을 하고 계시는지, 믿는 자들의 간절한 바람을 외면하고 계신 것은 아닌지 궁금증을 넘어 회의감을 가지고 질문할 수 있다.

하박국이 이렇게 몸부림치면서 기도할 때 하나님은 첫째 질문에 대한 답변으로, 한 나라를 심판의 도구로 일으켜 유다를 징계하실 것을 예언하신다(합 1:6). 하나님은 역사를 주관하시는 분이다. 하나님은 유다 민족의 난맥상과 도덕적·영적 타락의 상태를 방관하지 않으시고 '갈대아 사람', 즉 타민족인 바벨론 사람들을 일으켜서 유다 민족을 징계할 것이라고 응답하신 것이다.

이런 까닭에 우리는 '역사의 주관자이신 하나님이 한 민족 안에서만 역사하시는 분이 아니고 타민족과 온 세계를 통해서도 뜻을 이루신다'는 넓은 세계관을 가져야 한다. 이렇게 첫째 궁금증이 해결되었지만, 하박국에게는 또 하나의 의문이 생겼다.

## 왜 불의한 자가 득세합니까

주께서는 눈이 정결하시므로 악을 차마 보지 못하시며 패역을 차마 보지 못하시거늘 어찌하여 거짓된 자들을 방관하시며 악인이 자기보다 의로운 사람을 삼키는데도 잠잠하시나이까 합 1:13.

**하박국의 둘째 질문은 "하나님은 왜 불의한 바벨론이 득세하게 하셔서 유다를 징계하십니까"이다.** 이 시대를 사는 우리도 비슷한 질문을 하지 않는가. 불의한 자들이 더 형통한 것 같고, 악한 자들이 득세하여 택한 백성들을 압제하는 것만 같다. 그럴 때 우리는 도대체 하나님은 어디서 무엇을 하고 계시느냐고 부르짖는다. 하박국의 궁금증도 이와 같다. B.C. 7세기경 당시 신흥 강대국이었지만 불의한 바벨론 제국에 의해 유다까지도 함락되기 직전의 풍전등화와 같은 상황 속에서 하박국은 의구심을 가지고 하나님 앞에서 몸부림치고 있었다.

하나님은 하박국의 질문에 대하여 유다가 자신의 죄 때문에 징계를 당하는 것처럼, 바벨론 역시 그들의 죄 때문에 심판을 당하게 될 것이라고 말씀하셨다(합 2:7-8). 하나님의 말씀대로 훗날 바벨론이라는 대제국은 짧은 전성기를 누리고 메데

(메디아)와 바사(페르시아) 왕국에 의해 멸망하여 역사 속으로 사라지고 만다.

그러면서 하나님은 이런 상황 속에서도 의인은 오직 믿음으로만 살아야 함을 권면하셨다(합 2:4). 하박국은 당시 사회의 난맥상을 바라보면서 신앙에 대한 의구심과 회의감에 빠져 있었다. 그러나 하나님의 말씀을 듣자마자 그의 모든 의문이 해결되었다.

혹자는 사람을 일러 좀처럼 변화되지 않는 존재라고 비관론을 펼친다. 그러나 태초에 하나님이 '빛이 있으라' 말씀하시니 혼돈과 공허와 흑암뿐이었던 세상에 빛이 존재하게 된 것처럼, 하나님의 말씀이 들어가면 누구든지 변화할 수 있다. 사람의 근본적인 변화는 세상의 지식에서 비롯되는 것이 아니라 하나님의 말씀으로부터 시작되는 것이다(롬 10:17).

하박국이 가지고 있었던 두 가지 궁금증은 하나님의 말씀을 통해 완벽하게 해소되었다. 그래서 하박국은 하나님께 믿음으로 찬양과 감사를 올려 드리고 있다.

## 시련 속에서 깨달은 것

하나님의 말씀을 통해 하박국은 다음의 다섯 가지를 깨닫는다. 첫째, 하나님은 여전히 일하고 계시다는 것이다. 둘째, 사람은 하나님이 하시는 일을 다 알지 못한다는 것이다. 셋째, 하나님이 하시는 일은 공의롭다는 것이다. 넷째, 하나님만이 역사와 생사화복의 주관자라는 것이다. 다섯째, 하나님은 믿음의 사람들을 하나님의 때에 높은 곳에 세우신다는 것이다.

하나님의 말씀을 통해 하박국의 관점은 180도 바뀌었다. 세상을 바라보는 관점에는 '수평적 관점'과 '수직적 관점'이 있다. 사람이 낮은 곳에서 수평으로 앞을 바라보면 시야의 한계로 가까이 보이는 것에만 집중하게 된다. 하지만 높은 곳에서 수직으로 내려다보면 넓은 세상이 한눈에 보인다. 수평적 관점으로 바라보면 분주하게 오고 가는 사람들 사이에서 누가 더 큰 집에 살고 좋은 차를 타는지 비교하며 연연하게 된다. 그러나 수직적 관점으로 바라보면 마치 비행기를 타고 높은 상공에서 아래를 내려다보듯이 고층빌딩이나 단층집에 사는 사람이나, 소형차나 고급 승용차를 타는 사람이나 큰 차이가 없어 보인다.

세계적인 운동선수들은 경기 전체를 바라보는 남다른 시야를 갖고 승부를 즐긴다. 사람은 긴장을 많이 하면 아드레날린이 과다하게 분비되어 급속하게 피로감이 찾아오고 시야가 좁아지지만, 편안하게 즐기면 시야가 더욱 넓어지고 내면의 잠재력이 폭발한다.

많은 사람이 진정한 가치를 바라보지 못하고 좁은 시야로 세상의 가치들을 아등바등 좇으며 현재에 매몰되어 살아가고 있다. 만약 어린아이에게 다이아몬드와 아이스크림 중에서 하나를 선택하라고 한다면 다이아몬드 대신 당장 맛있어 보이는 아이스크림을 집어 드는 것처럼 말이다. 그러나 믿음이 들어오고 하나님의 수직적인 관점에서 세상을 바라보면 소유에 집착하지 않게 된다. 그전에는 절대로 타인에게 양보하지 못했던 일들도 하나님 나라의 관점에서 보면 기꺼이 양보할 수 있게 된다.

믿음이라는 것은 과거와 현재와 미래와 영원까지를 다스리시는 하나님의 시간 개념 속으로 들어가는 것이다. 그렇게 되면 그때부터 현재의 고난에 매몰되지 않는다. "생각하건대 현재의 고난은 장차 우리에게 나타날 영광과 비교할 수 없도다"(롬 8:18)라는 말씀처럼 비록 우리가 지금 이 땅에 발을 딛고 살아가고 있지만 하나님의 관점과 영원한 시간 속에서 인생을 바라볼 수 있어야 한다.

나의 아버지는 내가 세 살 때 돌아가셨다. 전해 듣기로 아버지는 성품이 참 착하시고 베풀기를 좋아하셨다고 한다. 그런데 그런 분이 20대 후반의 나이에 일찍 돌아가시자 온 집안이 낙심했다. 나는 교회 선생님의 전도로 초등학교 3학년 때부터 교회에 다녔는데, 믿음이 자라나고 예배에 빠짐없이 신앙생활을 하면서도 '하나님은 착하셨던 우리 아버지를 왜 일찍 부르셔서 온 가족이 낙심하도록 하셨을까? 왜 나는 청소년 시절에 조부모님 밑에서 자라면서 풍족하지 못하고 의기소침하게 살아야 했을까?'라는 풀리지 않는 인생의 수수께끼로 힘들어했다.

시간이 흘러 나는 일반 대학교 3학년 때 주님을 강하게 만나고 목회자로 부름을 받았다. 신학대학원에 다니던 어느 날 하나님의 음성을 듣고 25년 동안 풀리지 않던 인생의 수수께끼가 한순간에 풀렸다.

그날은 사실 생활비가 모두 떨어지고 따로 구별해 놓은 헌금에는 손을 댈 수 없어서 6일째 굶어야 했다. 신학교 기숙사에서 같이 지내는 친구들이 내가 굶는다는 사실을 알았다면 주저 없이 식권을 나누었겠지만, 이상하리만큼 아무도 눈치채지 못했고 나 역시 자존심이 강해서 도움을 구하지 않았다. 그렇게 6일 동안이나 굶고 토요일이 되었다. 내가 담당하고 있었던 중·고등부 아이들을 만나러 교회로 가야 하는데 차비도 없었다. 그런데 무심코 양복 주머니를 뒤적거리다가 500원짜리 동전 하나를 발견하고 겨우 교회로 발걸음을 옮겼다.

버스에 몸을 싣고 기운 없이 창가에 기대어 하염없이 창밖을 바라보는데, 문득 유리창에 비친 내 얼굴은 바싹 마르고 광대뼈만 도드라져 보이는 처량한 모습이었다. 복음을 위해 살겠다고 하나님께 젊음을 드렸는데 6일이나 굶어도 하나님이 내 기도를 들으시지 않는 것 같아서 목회자의 길을 가는 것이 과연 맞는지 자기 연민에 빠졌다. 교회에서 기다리는 중·고 등부 아이들에게 어떤 말씀을 전해야 할지 기도하고 있을 때, 6일 동안 침묵하시던 하나님이 말씀하셨다.

"기용아, 내가 너를 사랑한단다."

나는 그 음성을 듣고 하나님께 반문할 수밖에 없었다.

"하나님, 사랑하신다면서 왜 굶기십니까?"

그때 다시 하나님의 음성이 들렸다.

"아이들에게 네가 살아온 이야기를 나누거라."

교회에 도착한 나는 예배 시간에 모인 청소년들에게 내가 어릴 때부터 하나님을 믿고 살아온 이야기들을 진술하게 나 누었다. 그런데 웬일인지 설교가 끝나고 울면서 기도하기 시 작한 아이들의 통곡과 기도 소리가 멈추지를 않았다. 나는 몸 이 너무 힘들어서 강대상 의자에 고개를 파묻고 있는데 하나 님의 음성이 들려왔다.

"기용아, 네가 어릴 때부터 좋은 환경에서 자랐다면 저 아 이들에게 해 줄 말이 있었겠니?"

내 인생의 모든 수수께끼가 풀리는 하나님의 음성을 들은 그날을 나는 잊을 수 없다. 내가 살아온 모든 삶은 하나님이 나에게 허락하신 최선의 길이었음을 고백하게 되었다. '하나님이 나를 쓰시려고 이런 과정과 시간 속에서 살아오게 하셨구나!' 복잡한 퍼즐을 맞춘 것처럼, 그날은 내 인생의 모든 의문이 풀리는 날이었다. 그래서인지 그날 이후 청소년들을 대상으로 한 집회 때마다 수많은 학생이 신기할 정도로 내 설교에 집중해 준다.

말씀과 성령의 은혜가 들어오면 믿음이 생기고, 삶이 완전히 바뀐다. 그리고 하나님의 영원한 시간 속에서 현재를 바라보면, 하나님이 내 미래를 위해 무엇을 예비하고 계시며 왜 지금 어려움을 겪게 하시는지 답을 발견하게 된다.


## 하박국의 찬양과 믿음의 고백


마침내 하박국은 하나님을 찬양하면서 믿음의 고백을 한다.

첫째, 시련의 상황들보다 하나님을 즐거워하고 기뻐하겠다고 고백하였다. 하박국도 바벨론을 통한 시련의 상황을 바라보고 상상했을 때는 창자가 흔들리고 뼈와 몸이 떨리는 고통을 겪었지만, 이내 하나님께 시선을 맞추자 기쁨과 찬양과 감사를 회복할 수 있었다(합 3:16). 연약한 우리도 믿음으로 말미암아 어떤 시련이라도 극복하고 기쁨과 찬양과 감사를 회복할 수 있어야겠다.

둘째, 하나님은 구원의 하나님이라고 고백하였다. 장차 다가올 상황은 아무것도 없는 '엎친 데 덮친 격의 현실'이었다. "비록 무화과나무가 무성하지 못하며 포도나무에 열매가 없으며 감람나무에 소출이 없으며 밭에 먹을 것이 없으며 우리에 양이 없으며 외양간에 소가 없을지라도"(합 3:17)라고 하신 말씀처럼, 바벨론의 말굽에 초토화가 된 상태에서 무화과나무와 포도나무 밭에 먹을 것이 없는 상황이고, 우리 안에 있던 짐승들이 놀라 다 도망갔거나 약탈당한 상태에서도 하박국은 구원의 하나님이 함께하시므로 즐거워하고 기뻐한다고 고백했다(합 3:18).

셋째, 하나님은 나의 힘이라고 고백하였다. 사슴은 가장 약한 짐승 중 하나다. 그러나 사슴의 발은 올라가는 데 특화되어 있다. "주 여호와는 나의 힘이시라 나의 발을 사슴과 같게 하사 나를 나의 높은 곳으로 다니게 하시리로다"(합 3:19)의 말씀처럼 하박국이 자기 발을 사슴에 비유한 것은, 하나님의 능력과 도우심으로 아래로 내려가지 않고 처절한 절망의 상황에서도 그 모든 난관을 뚫고 올라갈 수 있음을 확신하는 신앙 고백이다.

하박국도 우리와 똑같이 연약한 사람이었다. 그도 불공평해 보이는 주변의 상황과 하나님이 기도를 들으시지 않는 것 같은 상황 속에서 의문을 가졌다. 그러나 하박국에게 하나님의 말씀이 임할 때 모든 궁금증이 순식간에 해소되었다. 그래서 어떤 상황에서도 기쁨과 찬양과 감사의 삶을 살겠다는 신앙의 고백을 하게 된 것이다.

우리에게 가장 필요한 것은 믿음이다. 아무리 어렵고 힘든 난관을 만나도 사슴과 같은 믿음의 발걸음으로 힘차게 뛰어올라가는 믿음의 용사가 되어 모든 상황 속에서 '하나님은 나의 구원이시며, 나의 힘이시라'는 믿음으로 돌파하며 승리할 수 있어야 한다.

# 한계상황에서 누구를 의지하는가

솔로몬은 아버지 다윗의 번영기를 이어 이스라엘 민족의 최전성기를 구가하던 매우 지혜로운 왕이었다. 하나님은 걸출한 믿음의 영웅이던 다윗을 이을 왕으로 솔로몬을 지목하셨다. 그렇기에 솔로몬에게는 아버지 다윗이 이룩한 업적을 잘 승계해야 한다는 거룩한 부담이 있었다. 그는 먼저 '일천번제'를 드리며 하나님께 기도했다. 하나님은 그 모습을 어여삐여기셔서 그에게 놀라운 지혜를 허락하셨다. 정치, 경제, 문학 등 모든 분야에 있어서 사통팔달(四通八達)의 탁월한 지혜를 열어 주셨다. 더불어 부귀와 공명(功名)의 축복을 주셔서 솔로몬 왕의 초창기가 이스라엘 민족의 전성기라고 할 만했다.

이스라엘 민족이 통일 왕국을 이루고 강력한 국력을 갖게 되자 주변의 많은 나라에서는 결혼을 통한 동맹을 시도하기도 했고, 조공을 바치며 화친을 요청하기도 했다. 조공으로 받은 금의 무게만 약 4,200kg으로 오늘의 가치로 환산하면 2,000억 원 상당이었다. 이스라엘은 국방력도 대단했다. 1,400승의 병거와 1만 2,000명의 마병과 4,000개의 마구간이 있었고, 금 방패만 500개였다는 것은 당시 이스라엘 민족의 부와 국력을 보여 준다.

솔로몬 시대 초기는 이스라엘의 역사에서 가장 강하고 번성했던 시기였다. 더구나 아버지 다윗이 살아생전에 그토록 이루고자 했으나 하나님이 허락하시지 않았던 성전 건축을 하나님의 은총으로 이룩해 냈던 상황은 더욱 견고한 리더십을 구축하는 계기가 되었다. 당시의 솔로몬은 리더십뿐 아니라 계획했던 일들에 있어서 모든 게 어려움 없이 잘 풀려 '일사천리(一瀉千里)'라는 말이 가장 잘 어울리는 형통한 인물이었다.

## 도저히 해결할 수 없는 문제를 주신다

모든 사람에게는 칭찬받고 싶은 욕구가 있다. 자녀들은 부모에게 칭찬받기를 원하고, 사회생활을 할 때도 주변의 평가가 중요하며, 교회에서도 봉사와 헌신에 대해 칭찬을 받는다면 기분이 좋을 것이다.

하물며 솔로몬은 이스라엘 민족의 숙원사업이자 아버지의 소원이며 하나님이 기뻐하시는 성전을 완공하고 봉헌했기에 하나님으로부터 응답이 올 때 엄청난 칭찬과 축복의 말씀이 들려오기를 기대했을 것이다. 그런데 하나님은 찬물을 끼얹는 것 같은 응답을 주셨다.

> [13] 혹 내가 하늘을 닫고 비를 내리지 아니하거나 혹 메뚜기들에게 토산을 먹게 하거나 혹 전염병이 내 백성 가운데에 유행하게 할 때에 [14] 내 이름으로 일컫는 내 백성이 그들의 악한 길에서 떠나 스스로 낮추고 기도하여 내 얼굴을 찾으면 내가 하늘에서 듣고 그들의 죄를 사하고 그들의 땅을 고칠지라 대하 7:13-14.

그야말로 솔로몬 통치 초기에 이스라엘 민족이 가장 전성기를 구가하고 있을 때였다. 그런데 하나님은 그 대단한 솔로몬조차도 어찌할 수 없는 일들을 언급하셨다. "너의 힘으로 해결할 수 없는 가뭄, 병충해, 전염병이 온다면 어떻게 할래?"라고 물으신 것이다.

사람은 자신이 가지고 있는 지위나 포지션이 흔들리면 그것을 위기라고 생각한다. 그런데 하나님이 보시기에는 하나님과의 관계가 어긋나거나 소원해진 상태야말로 가장 큰 위기이다. 인생에서 형통하고 잘될 때가 오히려 위기일 수 있다. 형통할 때 하나님을 떠나고 죄악을 쫓아가고 예배가 무너지고 하나님이 기뻐하지 않는 불신앙의 삶을 살기가 훨씬 쉽기 때문이다. 그래서 하나님은 가장 잘나가던 솔로몬과 이스라엘 민족의 상황 가운데 인간의 힘으로 해결할 수 없는 문제를 제시하시면서 하나님 앞에 겸비하고 바로 서야 한다고 말씀하셨다.

하는 일마다 형통하던 솔로몬 왕조차 '가뭄, 병충해, 전염병 유행' 등의 문제는 어찌할 수 없는 능력 밖의 일이었다. 이런 것은 인간의 연약함과 한계를 잘 보여 주는 상황이라고 볼 수 있다. 하나님은 그 모든 상황까지도 하나님의 주권적 통치 안에 있음을 솔로몬에게 분명하게 천명하셨다.

구약 성경 말씀 중에서 '내가… 하리라'라는 표현이 자주 나온다. 이것은 인간의 힘으로 어찌할 수 없는 고난의 상황조차 하나님의 주권 안에 있을 뿐만 아니라, 도저히 해결할 수 없는 그 모든 고난의 상황을 해결하는 열쇠도 하나님이 가지고 계심을 역설하는 표현임을 알아야 한다.

아담과 하와는 마귀의 유혹에 빠져서 선악을 알게 하는 나무 실과를 먹었다. 쉽게 말하면 하나님을 떠나 스스로 살겠다고 독립선언한 것이다. 그러나 물고기가 물을 떠나 살 수 없듯이 인간은 하나님의 품을 떠나 살 수 없다. 하나님을 섬기도록 창조된 존재가 인간의 정체성이다(사 43:21).

그러나 인간은 하나님이 복을 주시면 자기 힘으로 살겠다고 우긴다. 잘나가면 그 일을 스스로의 힘으로 이루었다 착각한다. 그럼에도 하나님은 역사의 주관자가 하나님이심을 분명히 말씀하신다. 나는 하나님이 아담과 하와에게, 그리고 솔로몬에게도 하시는 말씀을 보면서 인간의 연약함을 아시는 하나님이 끊임없이 우리 삶에 대한 관점을 바꾸시려는 모습을 발견한다. 인류의 역사를 보면 오늘까지도 하나님과 인간 사이에 끊임없는 줄다리기가 계속되고 있는 것이다.

## 인생의 한계 앞에서 무엇을 택할까

솔로몬 왕의 전성기에 하나님이 주신 말씀을 통해 두 번째로 생각할 것은 인간과 하나님의 관심 차이다. 창조주 하나님은 우리를 너무나 잘 아신다. 나를 나보다 더 잘 아시는 하나님, 실수하지 않으시는 하나님은 우리가 원치 않아도 우리 힘으로 해결할 수 없는 고난, 역경, 시련, 장벽 등을 삶에 허락하기도 하신다.

이스라엘 백성은 광야에서 땅 한 평 없이 유리하고 방황했다. 하나님은 그들이 땅을 소유하고 정착하여 안정적인 생활을 하게 되면 복된 상황을 허락하신 하나님을 더욱 가까이하기는커녕 더욱 멀리하거나 버리게 될 것을 너무나 잘 아셨다. 하나님의 축복을 가장 많이 경험했던 솔로몬조차도 말년에는 이방 여인들 때문에 우상숭배를 하지 않았는가. 인간은 누구나 연약한 존재이기에 재력과 권력을 취하고 나면 하나님과의 관계를 소홀히 하기 쉽다. 반대로 어려움을 통과할 때 진정성이 드러난다. 지난 코로나 팬데믹 상황을 돌이켜 보라. 개인이든 가정이든 공동체든 교회든 국가든 진짜만 살아남았다.

사람은 자신이 가장 소중하게 여기는 것을 얻지 못하거나 잃게 될 때 마음의 상처를 입고 괴로워한다. 그래서 대부분의 사람은 눈에 보이는 것, 예컨대 돈이나 지위 등을 우선적으로 지향한다. 그러나 하나님은 인간과의 '관계성'을 우선순위에 두신다. 하나님은 하나님을 찬양하고 예배하도록 인간을 창조하셨기 때문이다(사 43:21).

이 사실을 분명하게 정립하고 산 욥은 자신의 삶에 가장 소중한 것들을 하루 동안에 모두 잃었을 때에도 하나님께 예배하는 쪽을 선택했다(욥 1:20-21). 욥은 하나님이 자랑스러워하셨던 인물이자, 동방에서 가장 부유하고 존경받는 인물이었다. 그런데 하루 동안에 많은 재산이 다 없어지고 열 자녀가 모두 목숨을 잃었다. 욥은 고통 속에서 겉옷을 찢고 머리털을 밀었다. 오늘날과 같은 이발 도구로 머리털을 민 것이 아니라 고통에 몸부림치며 머리를 쥐어뜯은 것이다.

욥이 특별한 사람이어서 고통을 견딜 수 있었던 것이 아니었다. 욥은 너무 괴롭고 슬퍼서 옷을 찢고 머리털을 뜯을 정도로 우리와 같은 성정을 가진 사람이었다. 그러나 마침내 욥은 하나님 앞에 엎드려 예배했다. 이루 말할 수 없는 고통 가운데 있을 때조차도 욥은 이런 신앙과 예배를 통해 인생의 주권자가 하나님이시라는 고백을 올려 드렸다. 욥은 진짜 신앙, 위대한 신앙을 소유한 인물이었다.

인간이 아무런 염려 없이 잘 풀리는 삶만을 산다면, 말년의 솔로몬처럼 하나님을 떠나 우상 숭배하며 하나님이 기뻐하시지 않는 삶을 살 수 있다. 우리가 삶 속에서 가장 소중하게 생각하며 우선순위로 여기는 것은 무엇일까? 각자 자신이 어떤 것으로 인해 가장 큰 상처를 받는지를 살펴보면 무엇을 우선순위로 삼고 있는지를 알 수 있다.

우리가 살아가다 보면 무언가를 잃을 수 있다. 예를 들어, 물질을 잃어버린 것으로 인해 가장 큰 상처와 고통을 겪는 사람이 있다면 그것이 그에게 삶의 최우선의 가치인 것이다. 어떤 사람이 원하는 사회적 지위에 이르지 못하거나 포지션이 낮아진 것으로 인해 마음에 상처를 받는다면 그것이 그의 삶의 최우선 순위와 가치라는 것이다.

믿음의 정석

우리는 내 믿음이 떨어지는 상황에 대해 어떻게 생각하며 살아가고 있는가. 이것은 정말 중요한 문제이다. 부모에게는 자녀가 가장 귀한 존재일 것이다. 만약 자녀가 성적이 크게 떨어졌다면 부모의 마음이 얼마나 불편하겠는가! 그런데 자녀가 신앙생활을 곧잘 하다가 믿음이 떨어져 하나님과 멀어지면 어떻겠는가. 학교 성적이 떨어진 것보다 더 가슴 아프고 통곡할 일이어야 한다. 그런데 믿음을 삶의 최우선 가치에 두지 않으면 대수롭지 않은 일처럼 반응할 수가 있다는 것이다.

우리는 스스로를 과신할 수 있다. 그래서 하나님은 끊임없이 하나님을 등지고 독립하고자 하는 백성들에게 시련과 고난을 통해 하나님과의 관계를 회복하도록 이끄신다. 하나님은 우리를 하나님의 자녀라는 존재로 회복시키기 위해서 희생하셨다. 예수님의 지위는 만왕의 왕이며 우주 만물의 주관자이신데, 그 자리를 포기하고 낮고 천한 이 땅의 말구유까지 내려오신 것이다.

우리에게 주어지는 물질이나 지위는 하나님이 우리에게 맡겨 주신 것이다. 존재를 세우고 회복시키고 사랑하고 섬기며 하나님의 일을 하라고 우리에게 주신 도구일 뿐이다. 이 우선순위가 바뀌면 인생이 꼬이고 불행해진다. 하나님은 우리 한 사람을 위해서 천하보다 귀한 하나님의 아들을 죽는 데까지 내주고 우리의 가치를 회복시키셨다. 당신의 가장 귀한 것을 희생시키시고 인간의 죄 문제를 해결하기까지 우리를 사랑하신다.

하나님은 이토록 인간과의 관계에 관심이 많은 분이지만, 인간의 관심은 대부분 눈에 보이는 소유와 지위에 있다. 이렇게 하나님과의 관계보다 자신의 소유와 지위에 관심을 집중하다 보면 많은 죄를 지을 수밖에 없는 것이 우리 인간의 본성이다. 하나님은 당신이 택하신 백성과의 친밀한 믿음의 관계를 회복하기 위하여 때로는 그들이 주권을 잃도록 하고, 이로 인해 유리하고 방황하는 상황과 아픔을 감수하게 하셨다.


## 고난을 허락하시는 이유

하나님은 우리를 사랑하시기 때문에 때로 고난을 허락하기도 하신다. 왜일까?

**첫째, 고난을 통해 관계의 회복과 정화를 원하시기 때문이다.** 하나님과 우리의 관계 회복, 가족과 이웃과의 관계 회복, 또한 우리 삶과 성품의 정화작용을 위해서 고난을 허락하신다. 고난의 무게보다 고난을 통해 우리를 정화하는 것이 더 중요하다. 그래서 하나님은 더 많은 재력과 권력도 주실 수 있지만, 그것보다 더 높은 가치인 하나님과의 관계 회복을 위해

때로는 아프지만 고난을 허락하시는 것이다.

**둘째, 인간의 교만 때문이다.** 하나님 없이도 내 힘으로 살아갈 수 있다는 것은 숨겨진 교만이다. 그러한 교만은 물속에 낀 이끼처럼 잘 드러나지 않는다. '내 삶에 고난이 없으면 나는 연약한 존재이기 때문에 하나님과 더 멀어질 수 있겠구나'라고 우리의 연약함을 인정해야 한다. 하나님께 귀하게 쓰임받은 인물들을 보면 그들의 삶에 많은 고난이 있었다. 그래서 "고난 당한 것이 내게 유익이라"(시 119:71)라고 했던 시인의 고백은 크게 공감이 된다.

교만은 하나님으로부터 독립된 마음에서 시작된다. 교만은 아담과 하와가 선악을 알게 하는 나무의 실과를 선택한 불신앙을 통해 시작된 것이다. 그래서 하나님은 아파도 우리 삶에 감당할 만한 고난과 역경을 허락하신다. 그러므로 우리는 고통보다 전능하신 하나님을 더 크게 볼 줄 알아야 한다.

솔로몬은 한 나라의 왕이었지만 가뭄, 병충해, 전염병의 문제들을 감당하지 못하고 손을 들 수밖에 없었다. 그렇다면 이런 문제들의 해결 방법은 무엇이었을까?

내 이름으로 일컫는 내 백성이 그들의 악한 길에서 떠나 스스로 낮추고 기도하여 내 얼굴을 찾으면 내가 하늘에서 듣고 그들의 죄를 사하고 그들의 땅을 고칠지라 대하 7:14.

도저히 우리의 힘으로 해결할 수 없는 일을 해결하는 비밀은 첫째는 '떠나는 것'이고, 둘째로는 '스스로 낮추는 것'이고, 셋째로는 '기도하는 것'이고, 넷째로는 하나님의 '얼굴을 찾는 것'이다.

하나님은 즉시 악한 길에서 떠나라고 말씀하신다. 지금까지 살아온 불신앙과 죄악 된 삶에서 떠나는 것이 회개의 완성이다. 낮춘다는 것은 하나님을 인정하는 것이다. 하나님은 어떤 죄라도 용서하시고 고쳐 주신다. 우리가 어떤 상황에 있을지라도 크고 작은 어려움을 만나면 하나님이 지금 나를 부르고 계심을 깨닫고 하나님을 의지해야 한다.

아기들은 어머니 태 속에서 이미 수영을 배우고 태어난다고 한다. 그런데 우리가 크면서 수영을 못하게 되는 것은 물의 위험에 대해서 많은 정보를 얻은 탓에 두려움이 생겼기 때문이다. 온전히 물을 의지하고 수평으로 누우면 우리 몸은 자연스럽게 물 위로 뜨게 되어 있다. 우리의 신앙도 마찬가지다. 아무리 어려운 일도 온전히 하나님께 맡기고 의지하면 된다.

어떤 어려움 중에도 우리의 믿음이 보석처럼 다듬어지고 정화되어서 너끈하게 승리할 수 있어야 한다. 우리가 하나님의 얼굴을 구하며 회개하고 기도할 때 어떤 문제든지 하나님이 깨끗하게 고쳐 주시고 해결해 주신다는 흔들림 없는 믿음이 필요하다.

믿음의 정석

Part
3

_____

믿음의 공식
# 먼저 구해야 할 것

# 하나님의 의를 구하면
# 의식주는 덤이다

──────────────────────────────────────○

그런즉 너희는 먼저 그의 나라와 그의 의를 구하라 그리하면
이 모든 것을 너희에게 더하시리라 마 6:33.

이 말씀은 하나님이 우리에게 주시는 큰 소망과 위로의 약
속이다. 하나님께 속한 백성들이 하나님 나라와 세상 사이에
서 무엇을 우선순위로 하여 어떤 태도로 세상을 살아가야 하
는지를 알게 한다. 세상 사람들은 무엇을 먹고, 마시고, 입을
지에 우선순위를 두고 염려하고 근심한다. 하지만 믿음의 사
람들은 일상의 필요보다 하나님의 나라와 의를 최우선 가치
로 지향해야 한다. 그렇다면 하나님의 백성들은 어떤 생각과
태도로 이 세상을 살아가야 할까?

## 공급하시는 하나님을 신뢰하라

첫째, 하나님은 자기 백성의 필요를 알고 계시며, 그 모든 것에 깊은 관심을 두고 계신다. 마태복음 6장 32절을 보면, 하나님이 그분의 자녀들이 필요로 하는 모든 것을 알고 계심을 말씀하고 있다. 여기에서 성도들의 필요는 영적이나 정신적인 것만을 의미하는 것이 아니라 의식주를 포함한 삶의 모든 영역에서의 필요를 의미한다. 하나님은 전지전능하시기 때문에 자녀의 모든 필요에 대하여 단순히 알고 계시는 것에 머무르지 않으신다. 하나님의 완전하고 전인적인 인식은 자녀들의 필요를 채워 주시되 넉넉히 채워 주시는 데까지 이른다.

마태복음 6장에서는 하나님 아버지께서 '아시느니라'라는 표현이 반복해서 등장한다. 전지하신 하나님은 자녀들의 현재와 미래의 필요들을 이미 알고 계신다. 그뿐만 아니라 전능하신 하나님은 자녀들의 현재와 미래에 필요한 것까지도 공급해 주신다. 이것이 하나님의 약속이다.

때로는 누군가가 나의 결핍을 이해하고 알아주기만 해도 큰 힘이 된다. 그런데 하나님은 우리가 필요한 것들을 아시고 채워 주기까지 하신다. 하나님의 자녀들에게 주어진 이 약속은 불확실한 미래를 살아가는 우리에게 너무나 큰 위로와 소망이 된다. 우주 만물을 창조하시고 주관하시는 하나님이 내 필요에 관심을 가지고 계신다는 것은 말로 표현할 수 없이 감사한 일이다. 하나님의 자녀들은 '홀로' 있는 것이 아니다. 모든 상황에서의 필요를 채우시고 돌보시는, 세밀하면서도 깊고 넓은 하나님의 사랑이 늘 함께하신다.

**둘째, 믿음 없는 이방인들과 믿음 있는 하나님 자녀들의 구분은 삶의 모든 필요를 바라보는 태도의 차이에서 드러난다.** 믿음 없는 이방인들은 현재와 불확실한 미래에 필요한 모든 것에 관하여 염려한다. 그러나 믿음 있는 하나님의 자녀들은 먼저 하나님의 나라와 의를 구하는 삶의 태도를 견지한다.

사실 믿음이 없는 이방인들이나 믿음이 있는 하나님의 자녀들 모두 먹고, 입고, 마실 것, 즉 의식주가 필요하다. 하지만 이 둘의 차이점은 그것들을 염려하느냐, 염려하지 않느냐 하는 것이다. 예수님은 먹고, 입고, 마실 것을 염려하는 하나님의 자녀들에게 "믿음이 작은 자들아"(마 6:30)라고 책망하신다.

주님은 우리의 영적·정신적·육체적 필요를 모두 아시며, 깊은 관심을 두고 계신다. 또한, 하나님은 우리가 삶의 무게를 홀로 짊어지지 않고 당신께 맡겨 드리기를 원하신다. 그런데도 많은 성도가 성전에 나와 예배하면서 삶의 문제나 어려움, 염려들을 하나하나 꺼내 놓다가도, 예배를 마치면 다시 주섬주섬 싸서 무거운 염려의 봇짐을 등에 짊어지고 돌아간다.

마태복음 6장은, 예수님이 믿음 없는 이방인이 아니라 자신을 따르는 사람들을 대상으로 산상에서 설교하신 것이다. 그런데 그중에 일상적으로 인한 '염려'에 관하여 무려 다섯 번이나 반복해서 설교하셨다. 이는 믿는 사람들에게도 일상의 삶의 필요들에 대한 염려는 끊임없이 도전과 유혹으로 다가오는 문제이기 때문이다.

의식주 문제에 대하여 자유로운 사람은 아무도 없다. 의식주는 모든 사람에게 가장 밀접한 문제이기 때문이다. 그런데도 예수님은 의식주 문제를 염려하는 것은 믿음이 작은 자들이나 믿음 없는 이방인들이 가지는 삶의 태도임을 강조하신다. 이는 믿는 사람이라면 우선순위가 바로 정립되어야 한다는 것을 강조하시는 것이기도 하다.

마태복음 6장 33절은 하나님의 자녀들에게 이 땅에서의 먹고사는 일상의 문제를 각자 자신들이 책임져야 한다고 말씀하지 않으신다. 먼저 '하나님의 나라와 의'를 구하면, 일상의 모든 필요는 하나님이 더하시리라고 약속하신다. '더하시리라'에 해당하는 헬라어 표현은 '프로스테데세타이'다. 이는 문법적으로 '보태다, 더하다'라는 의미의 동사 '프로스티데미'의 직설법 미래 수동태 3인칭 단수로서 하나님이 주어로 사용된 신적 수동태다. 이 동사가 여기에서 수동태로 사용된 것은 인간의 모든 필요가 충족되는 것은 인간의 노력이 아니라 오직 하나님에 의해서 이루어짐을 강조하기 위함이다. 먼저 삶의 우선순위가 바로 정립된다면, 나중에는 모든 것이 하나님께로부터 풍성하게 주어진다는 약속이다.

> 나의 하나님이 그리스도 예수 안에서 영광 가운데 그 풍성한 대로 너희 모든 쓸 것을 채우시리라 빌 4:19.

인생의 모든 필요는 하나님이 공급해 주신다. 먼저 하나님의 나라와 의를 구하면, 들에 핀 백합화를 입히시고 공중의 새를 먹이시는 하나님이 우리의 필요를 전혀 부족함 없이 공급해 주겠다고 약속하신다.

나는 신학교에 다닐 때 새벽마다 빌립보서 4장 19절의 말씀을 믿음으로 선포하며 기도했다. 실제로 형편이 넉넉하지 않고 당장 먹을 것이 없는 상황에도, 말씀을 믿고 의지하면 하나님이 늘 채워 주셨다. 이렇게 말씀을 붙들고 하나님께 삶의 전부를 맡겨 드렸기에, 나의 부족함에도 불구하고 하나님이 지금까지 너무나 행복하고 평안하게 목회하게 해주신 것 같다. 뜬구름을 잡는 것과 같은 이론적인 신앙생활이 아니라 나에게 관심을 두고 작은 신음에도 귀를 기울이신다는 믿음으로 하나님께 모든 형편을 맡겨 드리기를 바란다.

**셋째, 하나님의 자녀들은 세속적인 필요들에 직면하는 상황에서 염려의 태도가 아니라 하나님의 나라와 의를 먼저 구하는**

믿음의 정석

**태도를 취해야 한다.** 하나님의 자녀들이 세상 일에 대하여 염려해서는 안 되는 이유가 있다. 우선, 물질적인 것만을 추구하는 삶의 태도와 행위는 마치 하나님 없이 생활하는 이방인들의 모습과 같기 때문이다. 또한, 전지전능하신 하나님은 크나큰 사랑으로 당신의 자녀들을 돌보고 계시기 때문이다. 또한 하나님은 자기 자녀들의 필요를 완전히 아실 뿐만 아니라, 그 필요를 채워 주되 넉넉하고도 완전하게 채워 주시는 분이기 때문이다.

"먼저 그의 나라와 그의 의를 구하라"고 하신 말씀에서 '먼저'를 뜻하는 헬라어 '프로톤'은 '첫째로'라는 의미로, 이방인들이 인생의 목표로 정하고 추구하고 있는 세속적 욕망과 세상적 노력이 모두 이차적이요, 부차적임을 강조하는 표현이다.

나는 어린 시절에 도농(都農)이 교차하는 지역에서 성장하면서 자주 농사일을 도왔다. 여러 농작물 중에서도 제일 신나게 수확할 수 있는 것이 감자였다. 감자 줄기를 잡고 당기면 땅속의 줄기에 매달려 있던 다른 감자들이 줄줄이 딸려 나왔기 때문이다. 삶에 있어서도 신앙을 단단히 부여잡고 당기면 하나님의 축복이 줄줄 따라온다.

얼마 전 우리 교회 카페에서 다른 교단의 목사님들과 교제하는 시간이 있었다. 그중에 한 분이 '앞으로 북한이 열리면

해야 할 일이 많은데, 물질과 재정이 풍족한 미국의 선교단체와 연결해서 사업을 진행하면 좋겠다'고 말했다. 물론 같은 하나님의 비전을 품고 연대하는 것은 좋은 일이지만, 나는 "하나님이 앞으로 다른 나라보다 대한민국에 물질의 복을 주실 것 같아요"라고 이야기했다. 우리나라는 복음을 받아들이고 반세기 만에 유례없는 성장의 축복을 경험하였다. 나는 이런 우리나라 교회에 여전히 세계 선교를 주도할 잠재력이 있다고 믿는다. 따라서 하나님이 문화·예술 분야뿐만 아니라 앞으로 경제 분야에서도 기회를 주실 것이라 믿는다.

최근 글로벌 투자은행인 골드만 삭스는 2050년도에 우리나라의 GDP가 세계 2위 국가가 될 것으로 전망하기도 했지만, 나는 이러한 분석을 근거로 예측하는 것이 아니다. 영적인 흐름을 근거로 한 믿음이다. 내가 여러 목사님을 만나 보면, 교회의 규모를 불문하고 하나같이 선교의 비전을 품고 있었다. 나 역시 '해외 선교, 국내 선교, 민족 복음화'가 인생의 목표이다. 하나님이 이러한 믿음의 사람들의 열정과 중심을 보시고 땅끝까지 복음을 전하는 데 대한민국을 사용하실 줄 믿는다.

## 하나님께 온전히 복종하는 삶

하나님의 나라는 하나님께 온전히 속해 있으며, 하나님의 통치권이 온전히 주장되는 곳이다. 즉, 하나님의 뜻이 완전히 이루어지는 곳이 바로 하나님의 나라인 것이다.

하나님의 나라를 구한다는 것의 의미는 주기도문에 나오는 것처럼 사후의 영원한 하나님 나라만을 추구한다는 의미가 아니라 이 땅에 하나님의 나라가 자신의 삶을 통해 온전히 임하도록 하나님의 뜻을 따라 순종하는 삶을 사는 것을 의미한다.

나라가 임하시오며 뜻이 하늘에서 이루어진 것같이 땅에서도 이루어지이다 마 6:10.

하나님은 믿는 자의 삶을 통해 이 땅에 하나님의 통치권이 온전히 작동하는 하나님의 나라가 도래하기를 원하신다. 자기의 뜻에 순종하는 사람을 통해 하나님의 나라가 임하기를 원하시는 것이다. 이 롤모델이 바로 '예수 그리스도'이시다. 예수님은 하나님의 뜻을 받들어 온 인류를 구원하는 유일한 길인 십자가의 고난을 감내하셨다. 죽기까지 복종하심으로 구원의 길을 열어 놓으신 것이다.

하나님의 나라를 구한다는 것은 자신의 삶 속에서 하나님의 나라가 임하도록 하나님의 뜻에 순종하는 삶을 사는 것을 의미한다. 순종은 쉬운 일이 아니다. 대부분의 사람들은 자기 뜻대로 살고 싶어 한다. 아담의 불순종 이후로 인간은 자기 고집과 뜻대로 살고 싶어 하는 경향성을 자연스럽게 지니게 되었다. 어린아이들이 배우거나 습득하지 않았음에도 불구하고 고집스러운 태도를 보이는 것은 인간 내면에 스며 있는 불순종의 죄성 때문이다. 그러나 불순종의 삶은 어두움의 영에 지배받는 삶이다(엡 2:2). 그리고 불순종의 삶에는 하나님의 진노가 따른다(엡 5:6).

그렇다면 '하나님의 의'를 구한다는 것은 무엇일까?

첫째, 자기의 의가 아니라 예수 그리스도를 온전히 믿는 것을 의미한다.

곧 예수 그리스도를 믿음으로 말미암아 모든 믿는 자에게 미치는 하나님의 의니 차별이 없느니라 롬 3:22.

둘째, 하나님의 의가 되시는 예수 그리스도께 온전히 복종하는 삶을 의미한다.

하나님의 의를 모르고 자기 의를 세우려고 힘써 하나님의 의

믿음의 정석

에 복종하지 아니하였느니라 롬 10:3.

그러므로 결국 '하나님의 나라'를 구하는 삶과 '하나님의 의'를 구하는 삶은 비슷한 의미다. 예수 그리스도처럼 하나님의 뜻에 순종하는 삶을 통해 자신의 의와 영광이 아닌 하나님의 의와 영광을 드러내는 것, 또한 이 순종의 삶을 통해 하나님의 나라가 임하게 되는 것을 의미한다. 예수님은 믿는 자들이 하나님의 나라와 의를 먼저 구할 때, 다른 모든 필요는 하나님께로부터 덤으로 주어지게 된다는 것을 강조하고 있다.

그렇다면 예수님은 왜 반복적으로 믿음을 강조하며 하나님의 나라와 의를 먼저 구하도록 하셨을까? 믿음을 지킨다는 것은 쉬운 일이 아니다. 믿음은 저절로 주어지지도, 지켜지지도 않는다. 믿음을 성장시키고 굳건히 세워나가기 위해서는 하나님의 말씀에 귀를 기울여야 한다. 그 말씀이 나를 살리는 생명의 말씀임을 믿고, 듣고, 영의 양식으로 받아먹어야 한다. 말씀을 들을 때 믿음이 자라게 되며(롬 10:17), 그래야 하나님의 뜻을 따라 순종할 수 있다.

## 하나님이 주관하신다

사탄은 최초 인간의 삶에 찾아와서(창 3장), 하나님께 향해 있는 그들의 시선을 자신과 주변 상황으로 돌리도록 유혹했으며, 이에 아담과 하와가 미혹되었다. 오늘날도 사탄은 우리 곁에 교묘히 찾아와 하나님을 의지하는 삶은 어리석고 미련하다고 속삭인다. 우리는 사탄의 소리, 세상의 소리, 믿음 없는 사람들이나 미디어의 소리에 귀를 내주지 말아야 한다. 믿음은 흔들리고, 염려와 근심이 그 자리를 대신하게 되기 때문이다. 염려에 자신의 마음을 내주는 순간 마귀의 유혹에 빠지게 되는 것이다. 우리의 염려를 다 주께 맡겨 버려야 한다(벧전 5:7-8).

하나님은 먼저 하나님의 나라와 의를 구하면 모든 필요는 모두 덤으로 더해 주시겠다고 약속하신다. 하나님이 온전히 책임지시겠다는 약속이라고 할 수 있다. 이 말씀은 믿음의 공식이다. 누구에게든지 적용되며, 결과도 동일하게 주어진다.

수학적으로 아무리 복잡한 수식을 만들어서 큰 숫자가 도출된다고 해도, 그 숫자를 괄호 안에 집어넣고 앞에 마이너스 기호 하나만 붙이면 그 값은 천지 차이가 된다. 이처럼 우리 삶에도 신앙적인 면에서 마이너스가 되면 모든 영역에서 마이너스 인생이 되는 것이다. 자녀를 키울 때도 신앙이 우선되어야 한다. 당장 학교 성적을 우선시하고 신앙을 후순위로 미루면, 나중에 크게 후회한다.

지난 코로나 팬데믹의 상황 가운데 우선순위가 뒤바뀌어 많은 사람이 마트나 식당, 주점 등에 출입하는 것은 묵인하면서도 교회에서 예배드리는 것은 제한하고 비난해 왔다. 심지어 월요일에 직장에 출근하면 주일에 교회에 다녀왔는지 체크하기도 했다. 이것은 믿음이 없는 자들이 삶의 우선순위를 자기들 기준으로 정해 놓았기 때문에 벌어졌던 일이다.

전 세계가 코로나 팬데믹이라는 광야의 시대를 살아가고 있을 때, 세계적으로 저명한 어느 목사님은 코로나 바이러스를 통해 주시는 하나님의 음성을 다음의 한 문장으로 정리했다.

"세상은 너희가 아닌 내가 주관하고 다스린다!"

하나님은 역사의 주관자이시고, 인간의 생사화복과 나라의 흥망성쇠를 주관하시는 분이다. 세계에서 가장 뛰어난 기술과 시스템을 가졌다고 평가받던 나라들도 급속히 퍼져가는 바이러스 앞에서 속수무책이었다. 많은 시신을 감당할 수 없어 임시로 매장하는 비참한 상황이 벌어지기도 하였다. 이를 통해 첨단 과학기술 문명을 자랑하는 인간의 무력함과 무능함이 드러나고 말았다.

이스라엘 백성이 광야에서 40년 동안 모세의 영도(領導)를 받으면서 축복의 가나안 땅을 향해 나아갈 때 하나님은 자기 백성들을 먹이고 입히시면서 그들이 '기적의 시간'(신 8:3-4)을 경험하게 하셨다. 이런 측면에서 광야에서의 40년은 고난과 외로움의 시간이기도 했지만, 동시에 초자연적인 기적을 경험하는 시간이기도 했다. 아무리 건장한 젊은 남성들이라고 하더라도 군대에서 40km만 행군해도 발이 전부 부르트는데, 이스라엘 백성들은 광야에서 무려 40년을 걸어도 발이 멀쩡했다. 또한 광야 생활 40년 동안 입었던 옷이 해지지 않았으며, 매일 새벽마다 하늘에서 내리는 '만나'를 양식으로 공급받았다.

코로나 팬데믹 상황이 지속되는 동안 우리 교회는 오히려 구제 예산을 더욱 늘렸으며, 선교 예산도 삭감하지 않았다. 상식적으로는 예산을 긴축해야 함에도 나는 하나님이 구제와 선교비 지출을 감축하기를 원하지 않으신다고 확신했다. 하나님이 우리의 왕이시고, 교회의 머리는 예수 그리스도이시기 때문에 우리가 순종하기만 하면 하나님이 교회의 재정과 선교 사역도 모두 책임져 주실 것이라고 믿은 것이다. 그래서 죽을 각오로 예배를 사수하고, 선교를 지속하겠다는 마음을 가졌다.

교회뿐 아니라 나라 전체가 경제적으로 어려운 상황에서도 오히려 '작은 교회 돕기'와 '재래시장 상권 살리기' 등으로 과감하게 추가 예산을 지출했다. 그런데 놀라운 일은, 예배드리는 사람의 수는 줄었는데 전년도와 비교해서 전체 헌금이 줄지 않았다는 것이다. 젊은 시절부터 믿음으로 붙들고 놓치지 않았던 말씀, 즉 "그런즉 너희는 먼저 그의 나라와 그의 의를 구하라 그리하면 이 모든 것을 너희에게 더하시리라"라는 하나님의 약속이 틀림없이 이루어진다는 것을 하나님이 기적적으로 증명해 주신 것이다.

지난 4년 동안 개인과 가정, 교회와 국가, 그리고 전 세계가 광야와 같은 시간을 보냈다. 그 과정에서 더욱 분명해진 것은 하나님이 역사의 주관자라는 사실이다. '역사(history)'는 '그분의 이야기(His+story)'이다. 우리가 하나님의 통치에 대한 믿음과 열정을 잃어버리지 않는다면 하나님이 여전히 우리의 삶의 필요를 채워 주신다는 것을 믿어야 한다. 우리 믿음의 사람들이 모인 한국 교회, 그리고 대한민국이 세계 선교와 민족 복음화와 어려운 이웃들을 돌보는 열정을 잃어버리지 않는다면 하나님은 우리를 여전히 사용하실 것이다.

오늘도 하나님의 음성에 귀를 기울이고 말씀 위에 굳게 서서, 믿음으로 먼저 하나님의 나라와 의를 구하며 하나님의 통치와 주권 안으로 들어갈 때 하나님은 우리의 모든 필요를 아시고 더해 주실 줄 믿는다.

# 예수님의 제자가 된다는 것

예수님이 공생애 사역을 하시는 동안 그 주변에는 세 종류의 사람들이 있었다. 첫째는 성경에 '무리들'로 표현된 이들이다. 가장 많은 사람이 여기에 속해 있었다. 둘째는 단지 믿기만 하는 '신자들'이었다. 그리고 셋째는 '제자들'이었다.

예수님이 지상에서 마지막으로 주신 명령인 대위임령(마 28:18-20)을 통해 우리는 예수님 사역의 중심 목표와 방향을 알수 있다. 그것은 (첫째) 모든 민족에게로 가서, (둘째) 세례를 주고, (셋째) 주의 말씀을 가르치고, (넷째) 주의 모든 말씀을 지키게 하여, (다섯째) 결국은 그들을 제자 삼으라는 것이다. 여기에서 알 수 있듯이 대위임령의 최종 목표는 '제자를 삼으라'는 것이다. 예수 그리스도의 궁극적 관심은 예수님을 구세주로 영접한 모든 사람이 말씀으로 양육 받아 자신의 삶의 현장 속에서 주를 따르는 제자가 되는 것에 있다.

마태복음 8장 19-22절에는 예수님과 두 사람의 대화 장면이 소개된다. 한 사람은 서기관이고, 한 사람은 예수님의 제자 그룹에 있던 사람이다. 서기관은 예수님의 말씀과 사역에 큰 감동을 받고는 예수님이 어디로 가시든지 따르는 제자가 되겠다고 고백한다. 반면 제자는 자신의 아버지가 돌아가셨기에 장례를 치르고 와서 예수님을 따르겠다고 요청한다.

이 두 사람의 고백과 요청을 들으신 후에 보여 주신 예수님의 반응은 과연 예수님의 제자가 된다는 것과 제자의 길이 무엇인지에 관해 생각하게 하면서 우리에게 도전을 준다.


## 값싼 은혜에 머물러 있지는 않은가

예수님은 가버나움에서 여러 병자와 귀신 들린 자를 고치는 기적을 베푸셨다. 그때 한 서기관이 예수님 앞으로 나아와 이렇게 말했다.

"선생님, 당신이 어디로 가시든지 저는 선생님을 따르겠습니다."

그러나 이것은 예수님을 구세주요, 삶의 주인으로 믿은 사람의 표현이 아니다. 예수님을 '주님'이 아니라 선생(랍비)으로 호칭하고 있기 때문이다. 서기관은 아마도 예수님이 말씀을 가르치고 기적을 일으키실 때, 그 권세 있는 모습에 감동했을 것이다. 그래서 그는 예수님을 스승으로 모시고 어디든지 따라다니면서 말씀을 더 배워야겠다고 생각했다. 그래서 즉흥적으로 이런 고백을 하였을 것이다.

일반적으로 누군가의 제자가 된다는 것은 스승과 같은 시공간에서 함께할 때 가능하다. 그러나 예수님의 제자가 된다는 것은 그것만으로는 부족하다. 분명하고도 올바른 신앙고백이 선행되어야 한다.

의심 많던 도마는 못 자국이 난 예수님의 손바닥과 창 자국이 선명한 그분의 허리를 만져 보고 나서야 예수님을 '나의 주, 나의 하나님'이라고 고백했다. 그제야 분명한 믿음이 주어진 것이다. 그리고 그 고백 위에서 도마는 전혀 다른 사람으로 변화되었다. 훗날 그는 인도의 첸나이라는 곳까지 가서 복음을 전하다가 순교하기에 이른다. 이처럼 진정한 신앙고백은 한 사람의 생애를 완전히 바꾸어 놓는다.

반면에 가룟 유다는 예수님의 제자로서 그분과 같은 시공간에 있었지만, 한 번도 예수님을 '주님'이라고 고백한 적이 없다. 서기관처럼 단지 '랍비여'라는 고백만 했을 뿐이다. 가룟 유다의 삶의 주인이 예수님이 아니라 돈이었다는 방증이다. 결국 그는 은 30에 자신의 스승을 팔아넘기는 역사적 죄인

믿음의 정석

이 되고 말았다.

우리는 이 땅에 살면서 '삶의 주인이 누구인가? 내게 가장 중요한 것이 무엇인가?'를 점검해야 한다. 주님의 제자로서의 옷을 입기 위한 첫 단추는 '내 삶의 주인이 예수 그리스도'임을 고백하는 일이다. 본문의 서기관은 이 첫 단추부터 바로 끼우지를 못했다.

나는 스무 살 때 예수님을 인격적으로 영접하고 성령을 받은 뒤 "주님, 이제부터 제 삶의 주인은 예수 그리스도입니다. 다윗의 고백처럼 제 시대가 주님의 손안에 있습니다(시 31:15). 주님의 계획대로 제 삶을 이끌어 주십시오. 저는 주님의 인도하심을 따라 순종하며 나아가기를 원합니다"라고 고백하며 제자의 삶을 결단했다. 그날이 1985년 8월 19일이었는데, 결혼을 하고 10년쯤 지나서 아내와 이야기를 나누다가 아내가 그로부터 정확하게 일주일 뒤에 '내 인생의 주인은 예수 그리스도'라고 고백했다는 것을 알게 되었다. 당시에 나는 예수님을 만나고 기도의 불이 붙어서 "주님, 어딘가에 제 짝이 있다면 그녀도 저처럼 예수님을 주인으로 인정하고 당신께 생애를 드리겠다고 결단하게 해주세요"라고 기도했던 기억이 난다. 하나님이 그 기도에 응답해 주심으로 아내가 믿음의 결단을 할 수 있었던 것이라고 믿는다.

예수님을 향한 분명하고도 올바른 신앙고백이 있을 때 비로소 그분의 제자로서의 길을 갈 수 있다. 그러나 오늘 등장하는 서기관은 제자가 된다는 의미를 올바로 이해하지 못했다. 그는 단지 예수님의 가르침과 권위에 감동을 받아 당신을 따르겠다고 결심했을 뿐이다. 서기관은 예수님을 탁월한 지식을 가르쳐 주는 선생님으로만 이해했다. 예수님과 같은 공간에만 있으면 그분의 제자가 된다고 착각했던 것이다. 그러나 예수님의 제자가 되기 위해서는 먼저 삶의 가치와 실존적 정체성이 바르게 정립되어야 함을 서기관은 알지 못했기에 예수님은 그것을 가르치셨다.

서기관은 예수님이 이 땅에 오신 목적을 이해하지 못했다. 예수님이 가시는 길이 자기 목숨까지도 내주어야 하는 고난의 길임을 몰랐다. 그래서 예수님은 그 서기관에게 "내가 가는 길에는 머리 둘 곳이 없다"고 말씀하신 것이다(마 8:20). 한마디로 '제자의 길'은 섬김을 받는 길이 아닌 '고난의 길'이다. 진정으로 예수님의 제자가 되려면 오히려 자기 자신의 삶 속에서 어떠한 경우라도 실재적인 대가 지불을 감당할 수 있어야 한다.

인자가 온 것은 섬김을 받으려 함이 아니라 도리어 섬기려 하고 자기 목숨을 많은 사람의 대속물로 주려 함이니라 마 20:28.

믿음의 정석

찰스 쉘던(Charles M. Sheldon)의 《예수님이라면 어떻게 하실까》라는 신앙 소설이 있다. 그리스도를 따르는 제자의 길이 어떤 삶인지 깊은 울림을 주는 책이다. 저자는 청년 목사 시절에 실직한 인쇄공으로 가장하여 여러 사람을 만났는데 그때 그리스도인들의 냉대와 무관심에 충격을 받고는 자신이 목회하던 성도들을 위해 이 책을 썼다고 한다.

이 책의 등장인물들은 '예수님이라면 지금 나의 상황에서 어떤 결정을 내릴 것인가?'라는 질문을 던진 후 깊은 기도와 생각 이후에 주어지는 대답을 1년 동안 그대로 따르겠다고 결심한다. 그 후에 그들은 삶의 모든 영역에서 드라마와 같은 놀라운 변화들을 경험한다. 이렇게 변화된 삶이 바로 제자의 삶이다.

예수님이 행하신 제자 사역의 무게 중심은 수량의 많고 적음이 아닌, 질과 내용에 있다. 서기관이 예수님의 제자가 되고자 했을 때, 상징적으로 서기관을 제자로 받아 주기만 해도 예수님의 위상이 크게 올라갈 수 있었을 것이다. 그런데도 예수님은 제자의 길을 간다는 것이 무엇을 의미하는 것인지에 대해서 양보하지 않으시고 분명하게 가르치셨다.

예수님이 떡 다섯 개와 물고기 두 마리로 오천 명을 먹이시고 죽은 자를 살리시는 기적을 행하실 때는 많은 사람이 열광하며 따랐다. 하지만 예수님이 십자가와 고난을 말씀하셨을 때 그들은 슬금슬금 그 자리를 떠나 버렸다.

세상을 복음화하는 일, 교회를 부흥시키고 하나님 나라를 확장하는 일은 매우 중요하다. 그러나 이 목적만을 빨리 이루고자 하는 조급함은 예수 그리스도의 제자가 되는 수준을 낮추거나 참된 제자가 되는 길을 대충 가르치고 넘어가라고 우리를 유혹한다. 이것은 진정한 제자의 길을 가는 사람들이 아니다. 값싼 은혜에만 머물고자 하는 신자들만 양산할 위험이 있다.

예수님의 참된 제자는 삶의 현장에서 엄청난 대가를 지불하는 삶을 살면서 예수님의 가르침을 실천하는 사람들이다.


## 지금 내 삶의 우선순위는 무엇인가?

한편, 제자 그룹에 있던 한 사람이 자기 부친의 죽음을 알고는 예수님께 장례를 마친 후에 따르겠다고 요청한다(마 8:21). 이때 예수님은 "죽은 자들이 그들의 죽은 자들을 장사하게 하고 너는 나를 따르라"(마 8:22)라고 말씀하신다. 이는 어찌 보면 부모의 장례도 무시하는 것이 제자의 길이라는 오해를 받을 수 있는 대답이다.

그러나 이것은 제자의 길을 가는 사람에게 있어서 삶의 우

믿음의 정석

선순위를 강조하기 위한 말씀이라고 할 수 있다. 앞에 나오는 '죽은 자들'은 예수님을 믿지 않아 영적으로 죽어 있는 수많은 사람을 지칭하며, 뒤에 나오는 '죽은 자들'은 이 땅에서의 육신의 생명이 끝나고 육신과 영혼이 분리된 상태의 죽음을 맞이한 사람을 의미한다.

이 말씀은 부모님의 장례에 대해서 신경 쓰지 말라는 뜻이 아니다. 부모의 장례는 이 세상을 살아가면서 정말 중요한 일이지만, 제자의 길을 가는 것은 그것보다 더욱 중요한 가치가 있다는 것이다. 육이 살아 있는 동안에 영적으로 죽은 자들을 살리는 일이 우리에게 가장 시급한 일이라는 것이다. 잃어버린 자를 찾아 구원하는 것이 예수님이 이 땅에 오신 목적인 것처럼, 그분의 제자가 되기를 원하는 사람들도 영적으로 죽은 자들을 찾아 구원해야 한다는 것이다. 그것이 삶의 가장 우선순위일 뿐 아니라 가장 시급한 일이다. 지금 내 삶의 우선순위는 무엇인가?

어떤 목사님이 부흥회를 인도하던 중에 부모님 중 한 분의 소천 소식을 들었다고 한다. 만약 나에게 이런 일이 벌어졌다면 어떤 선택을 하겠는가? 결국 그 목사님은 마지막까지 부흥회 인도를 마쳤다. 물론 이런 일은 일반적인 상황은 아니다. 하지만 그 목사님은 부모님의 소천으로 슬픔에 빠져 있는 것보다 부흥회에서 말씀을 증거하는 것을 하나님이 더 기뻐하신다고 확신했기 때문에 그런 선택을 할 수 있었을 것이다.

　내게도 비슷한 경험이 있다. 나는 어린 시절 조부모님의 손에 자랐다. 특히 할머니의 사랑을 많이 받았다. 그런데 어느 날 할머니께서 돌아가셨다는 청천벽력과 같은 소식을 들었다. 그 즉시 장례를 위해 내려갔다. 돌아가신 날이 금요일이어서 주일을 지나고 월요일에 발인하는 4일장을 치르게 되었다. 나는 금요일에 내려가서 예배를 드리고 빈소를 계속 지키다가 장례 중인 토요일 밤에 목회지로 올라와서 주일 예배를 모두 인도하고 오후에 다시 장례식장으로 갔다. 하나님이 그것을 더 기뻐하신다고 생각했기 때문에 그렇게 했다.

　예수님을 믿어 구원받는 것은 살아 있는 동안에만 가능하다. 죽은 자들을 건져 내는 일이 가장 시급한 까닭은, 모든 인생은 자신의 죽음의 시간이 언제 찾아올지 알 수 없기 때문이다. 또한, 반드시 다시 오실 예수 그리스도의 재림 때까지 시간이 무한정 남아 있는 것이 아니기 때문에 잃어버린 영혼을 구원하는 일이 시급하고 긴급하다는 인식을 해야 한다. 어쩌면 부모님의 장례보다 더 중요한 것은 부모님이 생존하시는 동안에 새 생명을 얻게 하는 것이다. 그것이 이 세상에서 최고의 축복이자 부모님에게 할 수 있는 최고의 효도다.

　제자는 주님이 가시는 길을 가는 사람이다. 그렇다면 제자가 되는 사람은 자신의 삶의 우선순위가 '하나님의 뜻을 이루는 삶'으로 정립되어야 할 것이다. 예수님이 제자들과 이별하기 전에 마지막으로 남긴 중요한 말씀의 첫마디는 '가서 모든 민족을 제자로 삼으라'라는 것이었음을 기억해야 한다.

예수님은 서기관의 수준에 맞춰 제자의 기준을 낮추지 않으셨다. 그에게 제자의 길을 제시하시면서 '네가 나를 따라오겠느냐? 인생의 주인으로 나를 모시겠느냐?'라고 도전하셨다. 이 말씀은 어쩌면 작금의 어려운 상황을 통해 하나님이 참된 제자로서의 삶이 약화된 한국 교회에게 주시는 말씀인지도 모른다.

로마제국 초기에 기독교인들은 1%가 채 안 되었지만 당시 로마 사람들로부터 '거짓말하지 않고 성적(性的)으로 일탈하지 않는 사람들'이라는 사회적 평가와 신뢰를 받았다. 그래서 로마의 귀족들이 신분이 낮더라도 기독교인을 자신의 며느리로 삼는 일이 많았다고 한다. 그 며느리가 낳은 아이를 기독교 신앙으로 양육하고, 그 아이가 나중에 지도자가 되어서 기독교가 로마의 국교로 공인될 수 있었다.

오늘날 기독교 인구가 적어서 세상에 영향을 주지 못하는 것이 아니다. '예수님이라면 이 상황에서 어떻게 하실까?'를 생각하며 주님이 가신 길을 따라갈 때, 불신자들이 우리의 삶을 보면서 '저 사람들은 과연 우리와 다르구나!'라고 인식하게 될 것이다.

결국 가정의 복음화도, 세계 복음화의 역사도 예수님을 믿고 따르는 참된 제자들을 통해 일어나게 되는 것이다.

# 두 개의 문을 동시에 통과할 수는 없다

─────────────────────────────────────── ○

<sup>13</sup> 좁은 문으로 들어가라 멸망으로 인도하는 문은 크고 그 길이 넓어 그리로 들어가는 자가 많고 <sup>14</sup> 생명으로 인도하는 문은 좁고 길이 협착하여 찾는 자가 적음이라 마 7:13-14.

이 말씀은 산상수훈(마 5-7장)의 결론 부분에 있는 구절로, 예수님이 당시 자신을 따르던 제자들과 수많은 무리를 향해서 하신 말씀이다. 오병이어 사건을 미루어 짐작해 볼 때, 당시 그 산상에 모인 사람들은 여인과 아이까지 합하면 족히 수만 명은 되었을 것이다.

물론 그들 중에는 예수님의 말씀을 듣기 위해 온 사람도 있었겠지만, 대부분은 치유와 기적을 경험하기 위해 모여들었을 것이다. 그들의 관심은 보통 '어떻게 하면 가난에서 벗어날 수 있을까?', '어떻게 하면 질병에서 벗어날 수 있을까?'와 같이 현세적인 문제에 무게 중심을 두고 있었을 것이다. 그래서 예수님이 하나님의 나라(요 6:62)와 영생의 말씀을 강조하셨을 때 그들 중 상당수가 예수님 곁을 떠났다.

그때 예수님은 열두 제자에게 "너희도 가려느냐" 하고 물으셨다. 그 질문에 베드로는 "주여 영생의 말씀이 주께 있사오니 우리가 누구에게로 가오리이까"(요 6:68)라고 대답했다. 결국 믿는 자들에게는 영생의 말씀이 가장 중요한 가치다.

## 좁은 길의 종착지는 영생이다

우리가 교회에 나오게 된 이유를 살펴보면, 처음에는 각자 나름대로 절실한 현세적 필요가 주된 이유였을 것이다. 우리 중에 많은 사람이 자신이 해결할 수 없는 문제나 어려움이 동기가 되어 그것을 해결 받고자 하는 절박함을 안고 주님께 나아온다. 그중에는 문제를 해결 받은 이들도 있을 것이고, 여전히 해결되지 않은 문제로 낙심한 채 살아가는 이들도 있을 것이다. 그리고 그 과정에서 진정으로 예수님을 뜨겁게 만나 영원한 하나님 나라를 삶의 최우선 가치로 두고 살아가는 성숙한 사람들도 있을 것이다.

믿음의 정석

당시에 다양한 현세적 필요를 가지고 나아온 많은 사람에게 예수님이 설파하신 "좁은 문으로 들어가라"(마 7:13-14)라는 말씀은 오늘날 다양한 동기로 나아오는 우리 모두에게도 동일하게 도전을 준다. 예수님의 이 말씀은 산상에 모인 사람들의 기대나 관심과는 전혀 다른 차원의 메시지였다. 그 말씀을 요약하면 이렇다.

인생의 길에는 두 종류가 있는데, 하나의 길은 좁은 문을 통하여 가는 길이며, 다른 하나는 넓은 문을 통하여 가는 길이다. 그런데 좁은 문의 최종 목적지는 영생이며, 넓은 문의 최종 목적지는 멸망이다. 좁은 문을 통하여 가는 길은 협착하여 가는 사람의 수가 적으며 크고 넓은 문을 통해 가는 인생의 수는 많다고 한다. 이처럼 두 길의 결과는 하늘과 땅만큼의 큰 차이가 있다.

예수님이 말씀하신 '좁은 문'에서 '좁은'은 '박해' 또는 '환난'을 의미하기도 한다. 즉, 제자들이 가야 할 길은 박해와 핍박을 무릅써야 할 길이기에, 그 길로 들어가기가 매우 어려워서 그 숫자도 제한적이라는 것이다. 사도행전에서도 "우리가 하나님의 나라에 들어가려면 많은 환난을 겪어야 할 것이라"(행 14:22)라고 말씀하고 있다. 그러나 예수님은 이 문을 "생명으로 인도하는 문"이라고 말씀하신다. '생명'에 해당하는 헬라어 '조에'는 하나님이 창조하신 자연적 생명을 의미하기도 하며 '영원한 생명'을 의미하기도 한다. 아울러 생명으로 인도하는 문은 '예수 그리스도'를 의미한다(요 10:9).

반면 "크고 그 길이 넓어"에서 '넓어'는 '육신적으로 편하다'라는 의미로써, 이는 인간들이 육체적 소욕에 걸맞은 육신적 편리함만을 따르는 길을 의미한다. 그러나 이 길의 궁극적인 목적지가 바로 '멸망'이라는 데에 문제의 심각성이 있다. 여기에서 '멸망'이란 육체적 존재의 소멸이 아니라 지옥 혹은 절망적인 죽음의 운명으로 영원히 던져진다는 의미로, 즉 결정적인 파멸을 뜻한다고 볼 수 있다(요 7:12, 25, 46; 롬 9:22).

예수님은 하나님 나라의 진리에 관해서 기준을 낮추거나 타협하지 않으셨다. 사람을 얻으려고 제자도의 수준을 낮추지 않으신 것이다. 한 예로, 어느 젊은이가 제자가 되고자 찾아왔을 때 예수님은 "네 소유를 팔아 가난한 자들에게 주라… 그리고 와서 나를 따르라"라고 말씀하셨고, 그 젊은이는 말씀을 듣고 고민하며 근심하다가 발걸음을 돌렸다(마 19:21-22).

우리 집안에서는 내가 먼저 주님을 믿고 나중에 조부모님이 구원을 받으셨는데, 성령을 받고 믿음이 생기시면서 두 분은 장수의 복도 누리셨다. 조부모님은 인간적으로 성품이 참 좋은 분들이셨는데도, 믿음을 가지기 전에는 신앙생활에 열정적인 나를 다 이해하지는 못하셨다. 특히 일손이 많이 필요한 농번기가 되면 할아버지께서 일찌감치 이렇게 말씀하셨다.

"기용아, 다음 주 일요일은 우리 논에서 타작한단다. 다른 날에 교회 가는 것은 이해하는데, 그날만큼은 식구들이 다 모이니 한솥밥을 먹는 식구로서 함께 논에 가자꾸나."

나는 길러 주신 조부모님이 논밭에서 수고하시는 모습을 보면서 항상 감사하고 보답하고자 하는 마음이 있었다. 그런데 동시에 주님을 향한 뜨거운 열정도 있어서 주일에는 예배를 우선으로 챙겼다. 거기다 주일 학교 교사와 찬양대 봉사도 해야 했다. 다음 주일이 되어 가족들은 추수할 채비를 하는데, 나는 옷을 주섬주섬 입고 "할아버지 제가 교회에 가야 해요. 아이들이 저를 기다리고 있어요. 먼저 하나님께 예배드리고 오후에 빨리 달려올게요"하면서 성경책을 들고 나오곤 했다. 그런 내 뒷모습을 보시며 할아버지께서 굉장히 서운해하셨다. 물론 오전 예배를 드리고 나면 나는 바로 논으로 뛰어가서 열심히 일을 도왔다. 훗날에 조부모님이 믿음을 갖고 은혜를 받으신 뒤에는 열심히 믿음 생활을 하는 나를 매우 자랑스러워하셨다.

우리의 신앙생활의 현장에는 항상 좁은 길과 넓은 길이 놓여 있다. 똑바로 신앙생활을 해보려고 하면 지금도 여전히 삶의 현장에서 좁은 길과 넓은 길, 핍박의 길과 편안한 길 사이의 갈등이 상존한다.

나에게는 일곱 살 연상인, 친구 같은 막내 삼촌이 있다. 과외 선생님처럼 공부도 가르쳐 주고, 축구도 가르쳐 주고, 같은 방에서 함께 지내는 시간이 많았다. 어느 날은 삼촌이 나를 부르더니 결혼 소식을 전해 주며 꼭 오라고 초대했다. 그런데 결혼식 시간이 예배 시간과 같은 주일 오전 11시였다. 사랑하는 삼촌의 한 번뿐인 결혼식이었지만, 나는 그날도 결국 홀로 교회로 향했다. 가족들이 서운해하는 눈치였다. 시간이 지나 지금은 삼촌이 안수집사님으로 신앙생활을 열심히 하고 계시다. 가끔 전화 통화를 할 때면 "조카 목사님!"이라고 부르며 반겨 주신다. 아마도 내가 결혼식장에 가지 않은 것도 다 잊은 듯하다. 그만큼 나를 무척이나 자랑스러워하신다.

살아가면서 '좁은 길, 넓은 길'의 선택은 하나님 나라에 갈 때까지 계속된다. 우리 교회 모 장로님은 사업하는 분들이 모인 자리에서 대통령 되실 분이 술잔을 건넸는데, 그리스도인으로서 이를 거절하셨다고 한다. 순간 그곳에는 정적이 흘렀고 인간적으로 볼 때 눈엣가시가 되어 사업에 불이익을 당할 수도 있는 상황이었지만, 좁은 신앙의 길을 선택하니 하나님이 사업도 책임지셨다고 한다.

영원한 생명을 소유한 우리가 하나님 나라를 향해 믿음으로 살아간다는 것은 결코 쉽고 간단한 일이 아니다. 그러나 좁은 길의 종착점에는 영원한 하나님 나라가 기다리고 있다.

## 좁은 길은 왜 박해가 따르는가

좁은 길은 우리를 생명의 길, 곧 완성된 천국으로 인도하는 반면, 넓은 길은 영원한 멸망의 길로 인도한다. 영원한 생명으로 인도하는 문은 환난과 박해를 감당해야 하는 어려운 길이기 때문에 사람들이 많이 가지 않지만, 영원한 파멸로 인도하는 문은 육신적으로 편리하고 안일한 길이기 때문에 많은 사람이 가기를 원한다. 하지만 그 길의 끝에는 지옥의 영원한 형벌이 있음을 예수님은 분명히 경고하셨다.

두 개의 문을 동시에 통과할 수 있는 사람은 없다. 영생의 길이든지 멸망의 길이든지 한 길로만 갈 수 있다. 모든 인생은 좁은 문의 길이든지 넓은 문의 길이든지 분명히 하나의 길을 가고 있는 것이다.

그런데 영원한 생명의 길을 가는 동안에 왜 박해나 환난이 있어야 하는지 이해하지 못하는 사람들도 있다. 하지만 디모데후서 3장 12절에는 "무릇 그리스도 예수 안에서 경건하게 살고자 하는 자는 박해를 받으리라"라고 분명히 말씀하고 있다. 지금 기독교인이라는 이름으로 신앙생활을 하는 사람들 모두가 하나님의 나라에 들어갈 수 있을까? 성경은 영적 추수 때에 알곡과 쭉정이가 가려질 것이라고 말씀하신다(마 3:12).

지나간 3년 동안 전 세계가 코로나 팬데믹으로 어려움

을 겪었던 이유는 무엇일까? 아마 앞으로도 교회는 갈수록 어렵고 박해를 받게 될지도 모른다. 그런 상황이 우리 앞에 놓여 있을 때 좁은 길보다는 넓은 길을 가는 사람이 많아질 것이다. 그러나 이것은 하나님이 능력이 없으셔서가 아니다. 나는 하나님이 이 모든 상황을 통해 알곡과 쭉정이를 가리며 진실한 하나님의 백성을 찾으시는 테스트의 시간이 될 것이라 생각한다.

영원한 생명의 문을 향해 가는 믿음의 길에는 왜 박해가 따를까?

**첫째, 예수 그리스도는 유일한 구원과 영생의 길이기 때문이다**(요 14:6; 행 4:12). 죄인 된 인간이 죄의 문제를 해결 받고 영원한 하나님의 나라에 갈 수 있는 길은 오직 예수 그리스도를 믿는 길 외에는 없다. 이러한 믿음의 확신과 신념이 넓은 길을 가는 사람들에게는 편협하거나 폐쇄적으로 보일 수 있다. 하지만 영원한 생명의 길은 오직 예수 그리스도에게만 있다.

**둘째, 구원 문제에 있어서는 종교 다원주의**(Religious pluralism) **사상을 받아들일 수 없기 때문이다.** 종교 다원주의는 모든 종교에 구원의 진리가 있다고 믿는 철학이다. 절대적 진리를 거부하고 종교의 다양성을 인정하며 각자의 종교에는 진리가 있다고 믿는 이념이다. 인본주의적 관점에서 보면 종교 다원주의는 매우 관용적인 철학으로 여겨질 수 있다. 하지만 인간의 죄를 해결 받고 영원한 생명에 이르는 길은 예수 그리스도를 믿는 믿음밖에 없기 때문에, 우리는 그 부분에 있어서는 다른 종교와 타협할 수 없다.

성경에는 마지막 시대가 되면 배교 행위가 교회 안팎에서 나타나게 될 것이라고 경고한다. 이런 현상을 일컬어 요한계시록에서는 '음녀'라고 표현한다(계 17:15, 19:2). 주님 오실 날이 가까울수록 혼합주의와 배교가 거대한 물결처럼 기승을 부리게 될 것이다.

**셋째, 영혼 구원의 현장에서 일어나는 영적 싸움 때문이다**(행 16:16-23). 바울 일행은 빌립보 전도 사역 중 귀신 들려 점 치는 여인을 치유한 일 때문에 붙잡혀 매를 많이 맞고 감옥에 갇히게 되었다. 점치는 여인이 치유받아 더는 점을 치지 못하게 되자 그녀의 주인들이 돈벌이가 줄어들어 바울을 고발한 것이다. 불순종의 사람들 가운데 역사하는 영은 공중권세 잡은 사탄과 그를 따르는 어두움의 영들인데, 실재적으로 그 영의 세력이 존재하여 믿는 자들을 박해한다(엡 2:2).

나의 할머니는 생전에 성품이 너그럽고 천사 같은 분이셨다. 그런데 내가 성경을 읽고 기도만 하면 싫은 내색을 하셨다. 나는 당시에 할머니의 마음속에 이처럼 싫어하도록 역사하는 어둠의 영이 있음을 간파하고는 할머니를 위해 기도를 많이 했다. 영적 싸움이었다. 결국 할머니께서 신앙생활을 시작하시기도 전에 집에서 성령을 받고 방언도 받으시는 은혜가 있었다.

우리와 세상 사람들은 지향하는 길이 다르다. 신실한 믿음의 사람은 영원한 생명의 나라, 하나님의 나라를 궁극적인 가치로 추구한다. 그런데 성경을 보면 더 많은 숫자의 사람들이 핍박을 원하지 않고 적당하게 타협하며 넓은 길로 가게 될 것을 예언하고 있다. 그러나 그들의 마지막에는 멸망이 기다리고 있다.

**넷째, 삶의 궁극적인 목적 차이 때문이다.** 그리스도인에게 있어서 이 땅에 살아가는 이유는 인생을 창조하신 하나님께 영광을 돌리기 위함이다. 그러나 믿지 않는 이들의 삶의 가치는 인본주의적이다. 이는 구약의 역사를 통해서도 잘 알 수 있다. 하나님의 영광을 위해 사는 이스라엘을 향해 인본주의적인 아말렉이나 모압과 암몬, 에돔 족속 등은 끊임없이 싸움을 걸어왔다. 아브라함의 아들 이삭과 이스마엘은 갈등을 겪고 싸우기까지 했다. 이스마엘이 약속의 자녀였던 이삭을 괴롭혔던 것이다. 이것은 오늘날까지 이어지는 아랍과 이스라엘 민족의 정치적 갈등의 요인이기도 하다. 가인과 아벨도 마찬가지다. 가인은 육적인 사람, 아벨은 영적인 사람이었다. 결국 형 가인이 동생 아벨을 핍박하다가 시기와 질투 때문에 살해한다. 야곱과 에서의 갈등도 이와 같았다. 그들은 쌍둥이였지만 에서는 육적인 것을 지향했고, 야곱은 영적인 것을 지향했다. 에서가 야곱을 핍박하면서 이들의 갈등이 오래도록 이어졌다.


## 밀알이 땅에 떨어져 죽어야 열매를 맺는다


그렇다면 믿음의 여정 중에 박해를 만나게 되었을 때 우리는 어떤 태도를 취해야 할까?

**첫째, 박해 상황을 기뻐하고 즐거워할 수 있어야 한다**(마 5:10-12). 믿음의 사람도 박해와 환난을 만날 수 있다. 그러나 예수님과 신앙 때문에 박해를 받으면 커다란 상급이 쌓인다는 사실을 기억하자. 박해를 피하고 적당히 타협하면서 믿음 생활을 하면 상급을 기대할 수 없다. 나 또한 성장하면서 가족들에게 신앙생활을 이해받지 못하던 때도 있었다. 하지만 지금은 모두 주님 안에서 신앙생활을 하며 나를 얼마나 자랑스러워하고 존중해 주시는지 모른다. 그러므로 박해의 상황이나 어려움도 기쁨으로 이겨 내야 한다.

**둘째, 박해 상황이 복이 됨을 확신해야 한다.** 예수 그리스도께서 고난을 받으심으로 오히려 온 인류가 구원받는 길이 열리게 되었다. 스데반의 순교를 통해 흩어진 자들로 말미암아 그 땅에 더 큰 구원의 열매가 맺혔다(행 11:19).

박해 상황을 통해 개인과 공동체에 믿음의 정화가 일어난다. 보리를 겨울에 밟아 주어야 봄에 싹이 잘 나오는 것처럼 박해는 개인과 공동체의 신앙 정화가 일어나고 강건해지는 과정이 된다. 나는 지난 코로나 팬데믹의 상황이 개인이나 공동체의 신앙을 점검하고 한국 교회가 정화되어서 하나님 앞에 설 때 칭찬받을 수 있도록 준비시키시는 과정이었다고 믿는다.

부흥의 역사는 박해를 통해 일어난다. 교회는 핍박을 통해 질적, 양적으로 부흥한다. 교회는 박해를 통해 더욱 강하고 견고해진다. 이 비밀을 사탄은 알지 못한다. '생즉사 사즉생(生卽死 死卽生)', 교회와 성도가 죽으면 살게 된다. 예수님도 "한 알의 밀이 땅에 떨어져 죽지 아니하면 한 알 그대로 있고 죽으면 많은 열매를 맺느니라"(요 12:24)라고 말씀하셨다. 전남 신안의 문준경 전도사님 순교기념관 앞에도 이 구절이 크게 쓰여 있다. 이것이 주님이 일하시는 부흥의 방법이다. 천국의 상급을 바라봄으로 그 박해와 핍박의 상황을 인내로 이겨내야 한다(마 5:10-12).

**셋째, 경건한 믿음의 사람의 여정에는 반드시 박해가 있음을 알아야 한다.**

무릇 그리스도 예수 안에서 경건하게 살고자 하는 자는 박해를 받으리라 딤후 3:12.

**넷째, 주님이 어떠한 박해 중에도 함께하시고 건져 주심을 믿는 확신으로 기도하며 돌파해야 한다**(딤후 3:11). 세상 끝날까지 복음을 전하라는 주님의 명령(마 28:20)을 따라 헌신하는 선교사님들이 우리나라에 와서 순교의 피를 흘리자 오히려 이 땅에는 부흥이 일어났다. 하나님이 함께하신다고 해서 어려움을 만나지 않는 것은 아니다. 주님과 함께함으로 모든 환난을 감당하면, 그 한 사람으로 인하여 가정과 교회와 나라와 민족과 선교지가 살아나는 역사가 일어난다. 주님께서 함께하시며 복음을 들고 살아가는 인생에게도 고난과 박해가 주어지지만, 기도하는 믿음의 사람에게는 이를 감당할 수 있는 힘을 주신다.

빌립보 감옥에서 바울과 실라의 찬양과 기도가 기적을 일으켰다(행 16:25-26). 그들은 복음을 전하다가 억울하게 핍박을 받았지만, 로마 시민권이라는 특권을 사용하지 않고 만신창이가 될 정도로 매를 맞았다. 정당한 재판 과정을 거치지 않고 억울한 상황을 겪었지만, 낙심하지 않고 감옥에서 적극적으로 찬송하고 기도했다. 그때 갑자기 큰 지진이 일어나고 매인 것들이 다 풀어지는 역전의 기적이 일어났다(행 16:26).

어려움 속에서도 바울과 실라처럼 우리가 더욱 기도하고 나아갈 때 기적이 일어날 줄 믿는다. 예수님을 믿는 것 때문에 조롱과 멸시를 받아도 좁은 길을 갈 때에 결국 승리한다. 어떤 상황에도 넓은 길이 아닌 좁은 길, 영생의 길을 선택하자.

# 축복의 땅은 흘려보내는 땅이다

———————————————————— ○

주라 그리하면 너희에게 줄 것이니 곧 후히 되어 누르고 흔들
어 넘치도록 하여 너희에게 안겨 주리라 너희가 헤아리는 그
헤아림으로 너희도 헤아림을 도로 받을 것이니라 눅 6:38.

이 말씀에는 놀라운 축복의 약속이 담겨 있다. 우리가 장차
주님 앞에 설 때 예수 그리스도를 믿는 믿음으로 말미암아 구
원을 받는다면, 그 상급은 이 땅에서의 '주는 삶'을 통해서 '후
히 되어 누르고 흔들어 넘치도록' 주실 것이라는 뜻이다. 이
말씀에는 하나님의 여섯 가지 축복의 원리가 담겨 있다.

## 축복의 원리 1. 모든 사람에게 다 해당된다

이 원리는 특정한 사람들에게만 국한된 원리가 아니다. 누구든지 이 원리를 따라 살기만 하면 누르고 흔들어 넘치는 풍성한 축복을 받고 누리게 될 것을 약속하신다. '공식'은 언제 어디서나 누구든지 문제에 대입하면 답이 도출되는 법칙을 말한다. 수학 시험에서 아무리 어려운 문제가 나와도 적절한 공식을 대입하면 언제든지 답이 나오는 것과 같다.

몇 년 전에 나는 목포에 소재한 모 교회의 새벽 집회를 인도했는데, 본당에 성도님들이 가득했을 뿐만 아니라 어린아이들이 한 시간이나 일찍 나와서 앞자리에서 열심히 찬양하고, 말씀 시간에 집중하고, 기도도 열심히 하는 것을 보았다. 그 모습이 매우 인상적이었다. 이 교회는 평소에도 다음 세대들을 위해 본당에서 가장 좋은 앞자리를 아이들에게 내준다고 하는데, 어린아이들도 축복의 대상임을 알고 아낌없이 투자하는 이 교회가 앞으로 목포 지역과 그 주변을 영적으로 주도해 나갈 것이라는 생각이 들었다.

축복의 원리는 남녀노소, 빈부귀천에 상관없이 우리 모두에게 주어진 약속의 원리다. 하나님이 주신 변함없는 축복의 공식을 믿음으로 받아 풍성히 누릴 줄 알아야 한다.

믿음의 정석

## 축복의 원리 2. 무조건적으로 주는 자에게 임한다

풍성한 축복은 '무조건적으로 주는 자'에게 임한다. 하나님이 독생자 예수님을 죄인 된 모든 인생들을 위해 값없이 내주신 것처럼, 상대방의 조건과는 상관없이 자신의 것을 조건 없이 내주는 삶을 통해 후히 되어 흔들어 넘치는 복이 되돌아오게 됨을 의미한다.

여기서 '후히 되어'는 '분량과 척도를 후하고 넉넉하게 헤아리어'라는 뜻이다. 무조건적으로 자신의 것을 내주는 자는 가장 좋은 것들을 흔들어 넘치도록 돌려받게 됨을 의미한다.

## 축복의 원리 3. 중단 없이 주는 삶을 축복하신다

'주라'라는 말씀은 현재 시제로 표현되어 있다. 즉 '주는 삶'이 한두 번이 아닌 계속적으로 이뤄져야 함을 의미한다. 주는 삶은 조건 없이 이루어져야 하고, 중단 없이 계속되어야 한다.

내가 어릴 적 자랐던 고향 집의 기둥에는 볍씨를 담은 큰 자루가 불룩하게 매달려 있었다. 그 안에 담긴 볍씨는 이듬해의 농사를 위한 종자로 구별해서 보관되어 있었다. 양식이 떨어져 아무리 급한 상황을 만나도 그 볍씨를 건드려서는 안 되며, 이듬해의 풍성한 수확을 위해 습도가 낮은 곳에 잘 보관했다가 적정한 때에 뿌리고 심어야만 했다. 그래야 다음 해에 풍성한 열매를 거두게 되는 것이다.

좋은 것을 심으면 좋은 것을 거두게 되는 자연의 법칙처럼, 계속해서 '주는 삶'을 살아가면 축복의 열매를 거둔다. 그런데 인간은 자기중심적인 죄성으로 인하여 '주는 삶'이 아니라 '받는 삶'을 추구하다가 아무것도 거두지 못하고 스스로 메말라가는 실수를 반복한다.

행복은 멀리 있는 것이 아니다. 부부간에 끊임없는 사랑으로 섬겨야 복된 가정을 이룰 수 있는 것처럼, 교회도 끊임없이 하나님의 사랑을 흘려보내야 한다. 성경에서도 확인할 수 있듯이, 예수님이 제자들의 발을 씻어 주신 것도 먼저 섬김의 본을 보여 주신 것이다.

자신의 감정이나 여건에 따라 주기도 하고 안 주기도 하는 삶이 되어서는 안 된다. 예수님이 하나밖에 없는 자신의 생명을 죄인들을 위해 내주신 것처럼, 하나님이 독생자를 죽음의 자리에 내주심으로 모든 인류가 죄의 종노릇하던 삶에서 영원한 생명을 얻게 된 것처럼, 주는 삶을 통해 절박한 상황에 있는 다른 사람들을 살려 내야 한다. 그럴 때 그 자신에게 넘치는 복이 주어지는 것이 약속의 원리다. 감정, 상황, 대상에 구애 없이 주는 삶을 실천하면 그 사람에게 넘치는 복이 되돌

믿음의 정석

아온다는 것이다. 먼저 섬기면 축복을 넘치도록 부어 주겠다고 성경은 약속하고 있다.

## 축복의 원리 4. 모든 축복은 하나님으로부터 온다

'넘치도록 하여'는 '넘치게 주다'라는 동사의 수동태 현재 분사로서, '넘치게 부어지는'이란 뜻이다. 여기서 사용된 수동태는 절대적 수동태로서 넘치게 부어 주시는 주체가 하나님이심을 암시한다. 즉 후히 되어 흔들어 넘치게 된다는 것은 하나님으로부터 주어지는 것이다. 우리가 누군가 혹은 어떤 공동체를 섬긴 후 그들로부터 되돌려 받는 것이 아니라 만복의 근원 되시는 하나님이 섬김의 삶을 살아가는 그(그들)에게 넘치는 복을 되돌려 주시는 것이다.

예수님은 두 렙돈의 헌금을 하던 과부의 모습을 보시고는 "이 가난한 과부는 헌금함에 넣는 모든 사람보다 많이 넣었도다 그들은 다 그 풍족한 중에서 넣었거니와 이 과부는 그 가난한 중에서 자기의 모든 소유 곧 생활비 전부를 넣었느니라"(막 12:43-44)라고 말씀하셨다. 예수님은 우리가 어떤 태도로 섬김의 삶을 사는지 다 보고 계신다. 또한 어떠한 마음으로 섬기고 있는지 우리의 중심까지도 보신다. 주님은 우리의 모든 삶을 하나도 빠짐없이 보고 계시고 헌신을 기억하신다고 나는 믿는다.

사람은 눈에 보이는 것으로 판단하지만, 하나님은 중심을 보고 판단하신다. 그래서 예수님은 홀로된 가난한 여인이 가장 많은 것을 드렸다고 칭찬하셨다. 하나님 중심으로 섬김의 삶을 살아가면 하나님이 다 아실 뿐만 아니라, 섬김을 감당할 수 있는 능력도 주신다. 자신이 섬긴 대상을 통해 되돌려 받고자 하는 태도는 상처와 실망을 줄 수 있다. 복은 결국 하나님이 주시는 것이다.

이제 청하건대 종의 집에 복을 주사 주 앞에 영원히 있게 하옵소서 주 여호와께서 말씀하셨사오니 주의 종의 집이 영원히 복을 받게 하옵소서 하니라 삼하 7:29.

다윗은 왕이 되어 세상에서 최고의 권력과 부를 소유했지만, 여전히 복의 근원 되시는 하나님께 자신의 삶과 가정을 맡겨 드리며 기도했다. 과거에 나라를 위해서 목숨 걸고 충성했던 다윗의 헌신을 사울은 몰라주고 오히려 핍박했지만, 하나님은 모두 기억하시고 다윗을 축복하셨다.

## 축복의 원리 5. 복의 분량은 우리의 생각을 초월한다

곡물 매매 현장을 가 보면 굵은 콩이 가득 담긴 자루가 있다. 가득 차서 더는 무엇도 담을 수 없을 것 같은 자루이지만, 콩보다 크기가 작은 조나 깨와 같은 곡물을 부으면 콩 사이 공간을 채우며 담겨진다. 하나님이 우리에게 복을 주실 때 이렇게 후히 되어 누르고 흔들어 넘치도록 주겠다고 약속하셨다.

나는 더 좋은 것으로 넘치도록 주시겠다는 하나님의 말씀을 읽을 때 내 할아버지가 생각나곤 한다. 할아버지는 매우 부지런하셔서 논과 밭에 여러 가지 작물을 심으며 농사를 지으시고, 소나 닭과 돼지와 같은 가축도 기르셨다. 벼를 추수할 때면 탈곡기 아래에 가마니를 대고 자루에 볍씨를 채우셨는데, 더 많은 볍씨를 담을 수 있도록 가마니를 흔들고 지게 작대기로 누르면서 담으셨다. 하나님은 복을 주실 때 이처럼 누르고 흔들어 넘치도록 안겨 주리라고 약속하신다.

## 축복의 원리 6. 주는 삶에 순종해야 한다

'축복의 땅'은 '흘려보내는 땅'을 의미한다. 흘려보내지 못하고 섬기지 못하면 생명력을 잃는다. 사해(死海)는 지형적 특성상 바닷물이 계속 유입되지만 낮은 해수면으로 인해 물을 흘려보내지 못하고 증발만 되기 때문에 일반 바닷물에 비해 다섯 배 이상 높은 염분 농도를 지녀서 생물이 살지 못하는 죽음의 바다가 되어 버리고 말았다.

주는 삶은 명령형이다. 따라서 반드시 순종의 열매를 맺어야 한다. 나누고 흘려보내야만 그 자리에 하나님의 복이 임할 수 있다.

내가 시무하는 교회는 지난 몇 년 동안의 코로나 팬데믹 상황에서도 하나님께 순종하며 계속해서 축복을 흘려보낸 결과 교회의 재정이 오히려 차고 넘치는 큰 은혜를 받았다. 무엇보다 지난 여름 아름다운 성전에서 온 세대가 모여 '청소년 성령 콘퍼런스', '어린이 성령 캠프', '청년·대학생·신학생 연합 성령 콘퍼런스'를 통해서 기쁨과 열정으로 예배하는 가운데 놀라운 은혜를 허락해 주셨다.

얼마 전 목포에 있는 한 고등학교에서 교목 사역을 하시는 목사님으로부터 우리 교회 부목사님에게 연락이 왔다. 늘 가요만 부르던 학생이 방학을 마치고 학교에 나왔는데, 찬양을 흥얼거리면서 다니는 것을 보았다는 것이다. 학생의 변화가 너무 놀라워서 방학 동안에 무슨 일이 있었는지 물어보니, 우리 교회에서 개최한 수련회(청소년 성령 콘퍼런스)를 다녀오고 은혜를 받아서 찬양을 부르게 되었다고 대답했다고 한다.

"오직 성령이 너희에게 임하시면 너희가 권능을 받고 예루살렘과 온 유대와 사마리아와 땅끝까지 이르러 내 증인이 되리라 하시니라"(행 1:8)라는 명령은 순차적으로 복음화시키는 것이 아니라 땅끝까지 동시다발적으로 복음을 전하라는 명령이다. 우리 교회도 이러한 주님의 당부에 순종하여 지역사회를 위해, 나라와 민족을 위해, 그리고 세계 선교를 위해 동시다발적으로 사역을 감당하고 있다.

언젠가 목회자 모임에서 한 사모님이, 우리 부부가 재정적인 여유가 많아서 많이 섬기는 것 아니냐고 하셔서, 사실 나는 늘 마이너스 통장을 가지고 산다고 말씀드리니까 깜짝 놀라신 적이 있다. 예전에 미국 캘리포니아 지역을 방문하여 목회자분들에게 식사를 대접하려고 했을 때도, 그날 모인 분들만 백 명이 훨씬 넘었다. 한 끼 식사만 섬기려고 해도 많은 비용이 들었지만 우리 부부를 만나기 위해 먼 거리를 마다하지 않고 찾아오신 귀한 분들을 뵈며 하나님이 주신 축복이라고 생각하고 기쁨으로 식사를 대접했다.

우리가 순종함으로 섬겨야 할 일은 너무나 많다. 은퇴하신 성도님들도 각자 종사하셨던 분야의 전문성을 가지고 선교지에 나가서 얼마든지 섬길 수 있다.

미국 역사상 최고의 부호로 꼽히는 석유왕 록펠러(John Davison Rockefeller)는 젊은 나이에 세계 최대의 부자가 되었지만, 55세에 불치병에 걸려 1년 이상 살지 못한다는 선고를 받았다. 록펠러의 어머니는 시한부 선고를 받은 아들에게 세상을 떠나기 전에 하나님을 위해 마음껏 바치고 가라고 강권하였고, 록펠러는 그때부터 자선 사업을 시작했다. 그렇게 죽을 날을 기다리며 자선 사업에 몰두하는 동안 놀랍게도 록펠러의 병이 사라지고 그는 98세까지 장수하며 섬김의 삶을 살게 되었다. 그 후 록펠러는 시카고대학교 등 12개의 종합대학을 설립하였고, 리버사이드교회 외에 4,982개나 되는 교회를 세웠다.

예수님도 작고 약한 자를 섬기는 자가 가장 크다고 하셨다 (눅 9:48). 다른 사람과 나를 비교하지 말고 하나님 중심으로 순종하며 살기를 바란다. "후히 되어 누르고 흔들어 넘치도록 하여 너희에게 안겨 주리라"라는 말씀을 붙들고 끝까지 승리하기를 축복한다.

믿음의 방향

예수님의
사랑이 향하는 곳

# 예수님은 멸시받는 인생을 주목하신다

─────────────────────────────────── ○

성숙하고 순전한 믿음을 소유하기 위해서는 믿음의 대상을 올바르게 이해하는 일이 선행되어야 한다. 그리스도인의 신앙 대상은 예수 그리스도다. 제자의 길을 올바르게 가기 위해서는 예수 그리스도의 삶과 가르침에 집중할 수 있어야 한다.

오늘날 우리가 살아가는 시대는 그 어느 때보다도 절대적 진리, 즉 예수 그리스도 복음의 진리성에 대해 도전을 받고 있다. 또한 교회도 '예수 그리스도가 어떤 분이신가'에 대해 집중하지 못함으로 인해 예수 그리스도의 삶과 사역과 성품과는 다른 방향으로 가고 있지 않은지를 돌아보아야 할 때다.

요즘 한국 교회는 세상으로부터 좋은 평가를 받지 못하고 있다. 물론 여기에는 다양한 이유가 있을 것이고, 또 나름대로 항변할 말도 많을 것이다. 그러나 겸손하게 이 시점에서 믿음을 가진 우리가 혹시 중심을 잃지는 않았는지, 그리스도인의 기준이자 표준인 예수 그리스도의 삶과 인격과는 동떨어진 삶을 살아오지는 않았는지를 점검하고 돌아볼 수 있어야겠다.

마가복음에 나오는 바디매오에 관한 말씀은 신앙의 대상이자 삶의 기준이 되시는 예수님을 우리가 조금 더 바로 만날 수 있는 사례다.

<sup></sup>

46 그들이 여리고에 이르렀더니 예수께서 제자들과 허다한 무리와 함께 여리고에서 나가실 때에 디매오의 아들인 맹인 거지 바디매오가 길가에 앉았다가 47 나사렛 예수시란 말을 듣고 소리 질러 이르되 다윗의 자손 예수여 나를 불쌍히 여기소서 하거늘 48 많은 사람이 꾸짖어 잠잠하라 하되 그가 더욱 크게 소리 질러 이르되 다윗의 자손이여 나를 불쌍히 여기소서 하는지라 49 예수께서 머물러 서서 그를 부르라 하시니 그들이 그 맹인을 부르며 이르되 안심하고 일어나라 그가 너를 부르신다 하매 50 맹인이 겉옷을 내버리고 뛰어 일어나 예수께 나아오거늘 51 예수께서 말씀하여 이르시되 네게 무엇을 하여 주기를 원하느냐 맹인이 이르되 선생님이여 보기를 원하나이다 52 예수께서 이르시되 가라 네 믿음이 너를 구원하

였느니라 하시니 그가 곧 보게 되어 예수를 길에서 따르니라

막 10:46-52.

## 진실과 오해

베드로를 포함한 모든 제자의 혜택이자 은총은 예수님과 동고동락했다는 점이다. 그럼에도 그들은 예수님의 진정한 마음을 이해하지 못했다. 그들이 오해한 것은 무엇이었을까?

제자들은 여리고에 오신 예수님과 함께 그곳을 나가다가 길가에 앉아있던 맹인 거지 바디매오를 만났다. 다른 복음서에도 이 상황이 기록되어 있지만(마 20:29-34; 눅 18:35-43), 예수님을 만난 맹인의 이름은 마가복음에서만 밝히고 있다. 마태복음에는 같은 사건을 '맹인 두 사람'이 예수님께 나아왔다고 기록하고 있으나 마가복음에서는 가장 요점이 될 만한 인물인 바디매오 한 사람만을 언급하여 사건을 진행한다.

그러나 바디매오는 사실 그의 실제 이름이 아니다. '바'는 '아들'이라는 뜻이기에 '바디매오'는 '디매오의 아들'이라는 의미다. 당시 사람들은 길가에 앉아 있던 맹인 거지의 이름 대신 "어이, 디매오의 아들"이라고 불렀던 것이다. 그는 자기 이름도 없이 비참한 삶을 오랫동안 살았다. 이름이 불리지 않는

인생이란 얼마나 서글프고 불행한 삶일까? 거기다 시력이 남아 있지 않아 칠흑 같은 어둠에 갇혀 매일 같은 자리에서 누더기옷을 입는, 희망이라고는 꿈도 꿀 수 없는 상황에 있었던 사람이 바디매오였다.

그렇다면 그의 아버지는 어떤 사람이었을까? 추측하건대 결코 긍정적인 삶의 여건을 갖춘 사람은 아니었을 것이다. 눈이 완전히 먼 아들을 누더기 옷을 입혀 길바닥에서 구걸하도록 내버려 둔 것을 보면, 아마도 그의 부모는 일찍 죽었거나 살아 있어도 결코 정상적인 사고를 하는 사람들이 아니었을 것이다. 어쩌면 마태복음 20장 30절에 등장하는 두 명의 맹인 중에서 한 명이 바디매오의 아버지였을 수도 있다. 그의 부모가 맹인이 아니었더라도 그들의 생활 형편은 너무나 열악하고 비참했을 것이다.

그렇다면 과연 제자들이 한 오해는 무엇일까? 그것은 그들 모두가 예수님이 길에서 누더기를 입고 구걸하던 맹인 거지에 대해서 그 어떤 사랑과 관심도 갖지 않으실 것으로 예상한 것이다. 그곳에는 제자를 비롯해 많은 사람이 모여 있었다. 복음서에는 '많은 사람', '무리'라고 표현하고 있다 (막 10:48; 마 20:31). 그때 바디매오는 예수님의 이름을 간절히 부르짖었다. 그런데 제자들은 그 울부짖음을 듣고도 긍휼히 여기지 못하고 오히려 바디매오를 꾸짖었다(마 20:31). 예수님의 마음을 오해하였기 때문이다.

한편으로는 제자들과 많은 사람의 오해도 충분히 이해할 수 있는 상황이다. 시간과 에너지는 제한적이기에 이왕이면 희망과 가능성이 있는 사람에게 투자해서 더 많은 열매를 맺고 싶은 것이 사람의 마음이다. 그런데 바디매오라는 거지는 도저히 변화와 회심과 희망의 열매를 맺을 수 있을 것으로 생각할 수 없는 상황이었다. 그래서 제자들과 많은 사람은 바디매오가 아무리 길거리에서 소리쳐도 예수님의 관심을 끌 수 없으리라 생각했을 것이다.

거기다 바디매오의 몸에서는 악취가 났을 것이다. 세계적으로 많이 알려진 브루클린 태버너클 교회(The Brooklyn Tabernacle Church)의 짐 심발라(Jim Cymbala) 목사님의 간증이 기억난다. 짐 심발라 목사님이 집회 인도를 마치고 지친 몸으로 강단의 계단에 걸터앉아 있을 때의 일이었다. 목사님 앞으로 나와 기도를 받는 사람들 틈으로 심한 악취를 풍기는 노숙인이 다가오고 있었다. 그래서 지갑을 꺼내서 지폐 몇 장이라도 손에 쥐어주고 빨리 돌려보내려고 하는데 그 노숙인은 목사님의 손을 밀어내며 말했다.

"저는 당신의 돈을 원하지 않아요. 당신이 말하고 있는 예수님을 알기 원합니다."

그때 짐 심발라 목사님은 노숙인과 함께하시는 예수님이

믿음의 정석

느껴졌고, 자신의 위선을 회개하는 마음으로 노숙인을 안고 기도했다고 한다. 그렇게 그 자리에서 부둥켜안고 펑펑 울 때 하나님이 역사하셔서 노숙인이 변화되었고, 후에 교회의 직원이 되어 성실하게 일하고 있다고 한다.

2천 년 전 사람들은 예수님의 마음이 어디를 향하고 있는지 잘 알지 못했다. 그러나 예수님은 가던 길을 멈추고 "그를 부르라" 하시며 바디매오와 인격적으로 대화하셨다. 예수님의 생각은 제자들의 생각과는 완전히 달랐던 것이다. 그들은 예수님의 마음을 몰라도 너무 몰랐다. 어쩌면 오늘 우리도 예수님이 가시는 방향을 제대로 알지 못하고 있는지 모른다.


## 믿음의 사람은 역전의 주인공이 된다

예수님이 사랑과 관심을 갖지 않는 인생은 없다. 또한, 예수님 안에서 희망과 가능성과 잠재력이 없는 인생은 없다. 예수님은 사람의 외모가 아니라 중심을 보신다(삼상 16:7).

만왕의 왕이신 예수님은 아무도 상대해 주지 않았던 바디매오의 중심을 보시고 그를 독대해 주셨다. 예수님은 모든 사람에게 비난을 받던 세리장 삭개오도 만나 주시고 그 집에서 하룻밤을 머무셨다(눅 19:5). 또 요한복음 4장에서, 예수님은 유대인들이 멸시하던 사마리아를 통과하시며 여섯 번째 남편과 살면서 온 동네 사람들에게 손가락질 받던 여인을 우물가에서 만나 주시고 대화하셨다. 제자들은 예수님이 어찌하여 사마리아 여인과 대화를 하시는지 당황하며 이상하게 여겼지만(요 4:27), 예수님은 그 여인을 친히 만나 주시고 구원해 주셨다.

예수님을 만나면 변화되지 않을 인생이 없다. 참된 믿음을 소유하면 그와 그의 삶은 변화되며, 그 변화는 영원까지 이른다(막 10:50, 52). "나사렛 예수시란 말을 듣고 소리 질러 이르되 다윗의 자손 예수여 나를 불쌍히 여기소서"(막 10:47)라고 한 기록처럼 바디매오는 즉각적으로 반응하였다. 바디매오는 또한 많은 사람이 잠잠하라고 꾸짖는 상황에서도 굳센 마음과 꺾이지 않는 의지력과 열정을 보여 주었다(막 10:48). 또 바디매오는 "겉옷을 내버리고 뛰어 일어나 예수께"(막 10:50) 나아올 정도로 삶의 의지적 결단을 보여 주었다.

참된 신앙은 사람을 담대함과 결단으로 인도한다. 바디매오의 믿음은 그를 영원한 구원(영생)으로 인도했다.

예수께서 이르시되 가라 네 믿음이 너를 구원하였느니라 하시니 그가 곧 보게 되어 예수를 길에서 따르니라 막 10:52.

우리는 예수님을 바로 알아야 한다. 성경에는 작은 자, 어려운 사람들에 대한 주님의 관심이 많이 기록되어 있다. 만약 예수님이 세상 권세에 관심이 있으셨다면 사회의 지도층과 어울리셨거나 종교 지도자들과 친하셨을 것이다. 그러나 예수님은 항상 죄인들과 밑바닥 인생을 살던 소외 계층을 가까이하셨다. 사실 예수님의 제자들도 비린내를 풍기던 어부들이었다.

우리 교회도 지난 코로나 팬데믹 상황에서도 예수님의 시선을 따라 어려운 이웃들에게 눈을 돌려 작은 섬김을 실천하려고 노력해 왔다. 지극히 작고 어렵고 낮은 그곳에 예수님이 계시지 않겠는가? 세상 사람들이 우리를 통해 예수님을 만날 수 있어야 한다.

어쩌면 우리는 그동안 교회의 문턱을 높게만 쌓으려 했던 것일 수 있다. 그러나 "너희 몸을 하나님이 기뻐하시는 거룩한 산 제물로 드리라 이는 너희가 드릴 영적 예배니라"(롬 12:1)라고 하신 것처럼, 예수님이 걸어가신 방향을 따라 살아가고자 몸부림치며 삶으로 예배해야 한다. 예수님 안에서 진실하고 간절하게 기도하는 믿음의 사람치고 역전의 주인공이 되지 않을 사람은 없다(막 10:49; 시 23:5).

## 믿음의 승부수를 던져라

그렇다면 바디매오는 어떻게 역전의 주인공이 될 수 있었을까?

첫째, 그는 '절대 절망'을 '절대 희망'의 기회로 삼았다. 바디매오는 언제부터인지 몰라도 항상 어둠 속에서 살았다. 그는 눈이 보이지 않았기 때문에 누군가의 도움이 없이는 생존이 어려운 상황이었다. 그에게는 내일이라는 희망이 존재하지 않았다. 그의 삶은 절망 그 자체였다. 가난해도 눈이 보이기라도 한다면 좀 나았을 텐데, 그의 삶은 정말이지 절대 절망의 상황이었다. 그가 구걸하기 위해 길가에 있었다는 것은 그의 부모로부터 물려받은 것이 전혀 없었다는 의미다. 이른바 흙수저 중의 흙수저였다. 끊임없이 한순간도 절망하지 않을 수 없는 삶의 연속이었을 것이다.

그러나 절망이 마냥 나쁜 것만은 아니다. 절망을 잘 관리하면 또 다른 희망의 세계로 인도하는 문이 되기 때문이다. 그는 절망했기에 또 다른 희망을 향한 에너지가 발산되고, 희망을 향한 간절함과 목마름이 싹트기 시작했을 것이다. 절망은 희망을 향한 간절함과 갈증을 갖게 하는 긍정적인 역할을 할 수도 있다.

그는 매일 길가에 앉아서 구걸하는 존재로 생존하는 절망의 상황에서 '더는 이렇게 살 수 없다'라고 생각했을 것이다. 그래서 예수님이 지나가신다는 소식을 듣고는 그 어떤 사람도 낼 수 없는 큰 목소리로 끊임없이 계속해서 예수님의 이름을 부르기 시작했던 것이다. 지금 자신의 앞을 지나가는 예수님의 발걸음을 멈추지 않는다면 다시는 기회가 없다는 절박함으로 불렀을 것이다. 많은 사람이 꾸짖어도 그는 예수님의 이름을 부르는 것을 멈출 수 없었다. 이런 간절함과 강한 의지는 깊은 절망에서 솟아나게 하는 에너지를 만들어 내게 된다.

둘째, 바디매오는 자신의 삶에 찾아온 기회를 놓치지 않았다. 그는 자신의 귀에 들린 희망의 메시지를 붙들었다. 사람은 듣는 것에 따라 생각과 가치관을 형성하고 삶의 방향을 결정한다(롬 10:17). 하나님의 말씀이 내 안에 들어와 들리게 될 때 믿음도 자란다. 무엇을 듣느냐에 따라 삶의 격차가 하늘과 땅 차이로 벌어진다. 바디매오는 불행했던 자기 인생에 간절함(열정)으로 승부수를 던진 것이었다.

셋째, 그는 장벽과 장애물에 굴하지 않았다. 부르짖는 기도에는 위력이 있다. "더욱 크게 소리 질러"(막 10:48)에서 '소리 질러'에 해당하는 헬라어 '에크라젠'은 미완료 시제로 기록되어 '그가 크게 소리 지르고 있었다'라는 의미다. 바디매오는 많은 사람의 장벽에 가로막혔고, 많은 사람이 모두 그를 꾸짖었지만 그는 위축되지 않고 더 크게 소리를 질렀다는 것이다.

**넷째, 그는 겉옷을 벗어 버리는 결단을 했고**(50절), **구체적으로 간구했다**(51절). 겉옷을 벗어 버린 맹인 바디매오의 결단과 행동은, 곧 육체적 연약함 때문에 모든 환경적 조건의 지배를 받아야 했던 옛사람을 벗어 버린다는 의미로도 볼 수 있다. "주여, 보기를 원하나이다!"라는 맹인 바디매오의 외침은 그가 품었던 평생의 간절한 소원을 담아서 표현한 절규 그 자체였을 것이다.

## 예수님의 시선이 향하는 곳

예수님은 지금도 작은 자의 소리와 신음을 들으시고 응답하신다. 주님을 따르는 믿음의 사람들은 예수님이 향하시는 곳에서 어려운 이웃들을 만나야 한다. 물이 위에서 아래로 흐르는 것이 자연의 법칙인 것처럼, 예수님은 항상 낮은 곳을 향하신다. 예수님은 제자들이 서로 누가 높은지를 두고 다툴 때 섬기는 자가 큰 자라고 이미 답을 주셨다. 그런데도 많은 사람이 서로 높아지려고만 한다.

나는 결혼을 앞둔 형제들에게도 늘 아내의 말을 잘 들어야 한다고 말하곤 한다. 하나님이 아내를 만나게 하신 것은 그릇된 길로 가지 말고 서로 돕는 배필로 만나게 하셨기 때문이다.

믿음의 정석

얼마 전에 내가 부목사님과 함께 빵집 앞을 지나는데 마침 아내가 좋아하는 빵이 눈에 들어왔다. 그래서 부목사님 가족들이 먹을 빵을 먼저 사고, 아내에게 줄 빵을 샀다.

교회로 돌아와서 일을 마치고 빵을 맛있게 먹을 아내를 생각하며 흐뭇하게 지하 주차장으로 내려가는데, 엘리베이터 앞에서 우연히 주일 학교 남자아이 둘과 그 어머니를 만났다. 아내에게 줄 빵 봉투가 손에 들려 있는데 그 순간 아이들에게 빵을 주라는 예수님의 음성이 들려서 순종하고 나는 빈손으로 집에 들어갔다.

그런데 얼마 후 그 어머니로부터 메시지가 왔다. 사실 아이들이 배가 고프다고 칭얼대고 있었는데 빵을 받고선 무척 행복해했다고 한다. 아이들이 빵을 먹으며 환하게 웃는 사진을 첨부하여 보내 주었다. 아이들의 모습이 매우 행복하고 해맑아 보였다.

이런 일이 있었다고 아내에게 설명했더니 사실 아내에게도 같은 날 비슷한 일이 있었다고 했다. 어떤 분이 잘 익은 탐스러운 망고를 주셔서 나와 같이 먹으려고 했는데, 마침 집에 세탁소 사장님이 세탁물을 수거해 가려고 방문하셨단다. 그런데 그분에게 망고를 드리라는 주님의 음성이 들려서 결국 순종을 했다고 한다. 이날 저녁에 우리 부부의 마음이 얼마나 행복했는지는 섬김을 경험해 본 사람만이 알 수 있을 것이다.

삶의 현장 속에서 '예수님이라면 어떻게 하실까?'를 생각하며, 예수님이 향하시는 방향을 따라간다는 것이 쉬운 일은 아니다. 그러나 지금도 여전히 작은 자와 잃어버린 영혼들을 향하고 계신 예수님은 우리와 함께 그 길을 가며 동역하기를 원하신다. 예수님이 홀로 일하실 능력이 없기 때문이 아니다. 오병이어로 오천 명을 먹이신 예수님이 빵이 필요한 사람에게 빵 하나를 주실 능력이 없으시겠는가? 그럼에도 우리를 사역의 현장으로 부르시는 것은 우리에게 주님의 일에 동참하며 은혜와 상급을 얻게 하시고, 주님이 바라보시는 곳을 향해서 함께 가게 하시려는 것이다.

우리가 지난 코로나 팬데믹 기간에 '한 부모 및 어려운 이웃 섬김의 날'을 지정하여 800가정을 섬긴 적이 있지만, 앞으로 서울 전체를 섬기고자 하는 더 큰 소원을 품게 된다. 하나님이 우리에게 힘을 주시면 정말 멋지신 예수님을 더욱 널리 전하며, 섬김의 영역도 확장하게 하실 줄 믿는다.

그동안 엉뚱한 것에 신경을 쓰고 관심을 두며 살아가고 있지는 않았는가. 주님과 동행하면 주님이 온전히 책임지신다. 주님의 시선이 향하시는 낮은 곳에서 기적을 경험하게 될 것이다.

# 크고 완전한 사랑으로 돌아가자

호세아서는 부모의 자식에 대한 무조건적이고 절대적인 사랑처럼 '하나님의 무조건적이며 절대적인 사랑'에 대한 말씀이다. 누구든지 하나님께 회개하고 돌아오기만 하면 하나님이 치유하고 회복시키실 것이라는 '사랑'을 강조하고 있다.

하나님은 종교적·신앙적인 죄와 교만으로 국가적 위기에 놓여 있고 고통 중에 있는 북이스라엘 백성들을 포기하지 않으셨다. 하나님은 호세아 선지자의 입술을 통해 여호와 하나님께로 돌아가는 것만이 회복과 치유를 경험하는 유일한 길임을 설파하고 있다.

하나님은 북이스라엘 백성들에게 이것을 가르치시려고 호세아 선지자에게 고멜이라는 창녀(호 1:2)를 아내로 삼으라 하셨다. 하나님과 이스라엘 백성들 간의 현재 관계를 시청각 교육처럼 명확하게 보여 주기 위해 음란한 여인을 데려오게 하신 것이다. 고멜은 감사하지 못하고 가출하여 음란한 옛 생활로 돌아가 버렸고, 하나님은 호세아에게 명령하여 다시 가서 값을 지불하고 팔려간 고멜을 데려오게 하셨다(호 3:1-2). 거듭해서 옛 생활로 돌아가던 고멜의 모습은 하나님 품을 떠나 방황하는 이스라엘 백성들의 모습과 같다.

## 하나님과의 관계가 깨지는 것이 곧 위기다

북이스라엘은 B.C. 722년 앗수르에 의해 완전히 멸망하기 전에도 몇 차례 외세의 침입을 받았다. 하나님은 풍전등화와 같은 시대 상황 속에서 그들이 하나님을 찾기를 바라셨다. 하나님을 떠나 현실적 욕망을 채우기 위해 세상의 신을 추구했던 그들이 회개하고 하나님께로 돌아오기를 호세아 선지자의 입술을 통해 간절히 요청하신 것이다. 하지만 이스라엘 백성들은 호세아를 통해 들려오는 하나님의 사랑의 음성을 외면했고, 결국에는 멸망하고 말았다.

이스라엘은 하나님이 선택하신 백성이다. 그러나 이스라엘의 역사를 자세히 살펴보면 하나님이 택하신 백성이라는 명목상의 이름만 있을 뿐, 그 마음은 하나님을 멀리하고 부인하며 배반하는 삶의 연속이었다. 그래서 하나님은 자신이 택한 백성임에도 불구하고 이스라엘 백성들을 크나큰 시련과 위기 상황으로 내몰아 가셨다. 때로는 하나님의 사람을 보내셔서 그들의 마음과 삶을 하나님께로 돌이키도록 요청하기도 하셨다.

하나님은 이스라엘 백성들이 찢김을 당하고 바벨론이나 앗수르 등 외세의 침략을 당한 고난이 당신을 떠난 결과라는 사실을 호세아를 통해 일깨우면서, 모든 고통과 상처를 치유하고 해결하는 길은 오직 여호와 하나님께로 돌아가는 것임을 강력하게 드러낸다.

안타깝게도 이스라엘 백성들은 자신들이 처한 풍전등화와 같은 위기 상황이 여호와 하나님과의 관계가 어긋난 것 때문임을 알지 못했다. 사람은 그때나 지금이나 문제의 원인을 잘 알지도, 깨닫지도 못한다(사 1:3).

하나님은 아브라함의 자손들을 택한 백성으로 삼으시고 축복을 약속하셨지만, 백성들은 하나님의 말씀을 듣지 않았다. 짐승도 주인을 알아보는 법인데, 그들은 주인 되시는 하나님을 바로 알지 못했다. 그래서 하나님은 인생의 채찍을 들어 자신의 백성들을 크게 경책하신다. 결국 북이스라엘은 B.C. 722년에 앗수르에 멸망당했고, 남유다는 B.C. 586년에 바벨론 느부갓네살 왕의 침공으로 멸망했다.

인간이 지혜로운 것 같아도 모르는 것이 너무 많다. 그러나 하나님은 모든 것을 다 아시고 문제 해결의 대안을 갖고 계신다. 사람은 여호와 하나님으로부터 창조된 존재이며, 인간 생명의 근원은 바로 하나님이시다.

그렇다면 우리 인간이 하나님과 올바른 믿음의 관계를 갖게 되었을 때 우리는 어떤 축복을 받게 될까?

## 지혜와 리더십을 갖게 된다

하나님과 믿음의 관계를 올바르게 형성할 때 인간에게는 에덴동산을 누리며 다스릴 수 있는 특권이 주어졌다. 최초의 인간 아담은 하나님이 만드신 모든 생물의 이름을 지을 정도로 지혜로웠다(창 2:19). 하나님의 영이 충만했던 아담은 하나님이 창조하신 모든 생물의 모습을 보자마자 적당한 이름을 떠올렸다. 그래서 아담이 지은 이름이 곧 그 생물의 이름이 되었다.

누군가의 이름을 짓는 것, 더구나 수만 가지 생물들의 이름을 다 짓는 일은 결코 쉬운 일이 아니다. 그러나 아담이 수만 가지 생물에 적합한 이름을 지을 수 있었던 것은 하나님과 친밀한 관계 안에서 하나님이 주시는 지혜의 영 때문이었다. 타락하기 전의 아담은 참으로 지혜롭고 신실한 사람이었다. 여호와를 경외하는 것이 지혜의 근본이라고 성경에서도 말씀하고 있다(시 111:10; 잠 9:10).

하나님은 인간을 창조하시면서 땅을 다스리고 정복하며 땅 위에 번성하며 충만하게 되라는 3대 문화적 명령(Cultural mandate)을 주셨다(창 1:28). 그래서 '충만하라, 정복하라, 다스리라'라는 명령은 불가능한 것이 아니다. 하나님과의 관계 안에서 인간에게 주시는 지혜와 리더십을 힘입어서 가능한 것이다.

타락하기 전 아담은 에덴동산을 다스리고 탁월하게 경영할 정도로 리더십이 출중했다(창 2:7-8). 그러나 죄를 범한 후로는 그렇지 않았다. 이처럼 모든 인생은 하나님의 은혜에서 벗어나고, 하나님과의 관계가 깨어지면 문제가 생기게 된다. 마치 물고기가 물을 벗어나 육지로 뛰쳐나가는 순간 힘과 자유와 생명을 모두 잃어버리게 되는 것과 같다. 그러나 인간이 다시 하나님과 연합하고 범사에 하나님을 인정하면서 살면 하나님은 지혜와 리더십을 주시고 세상을 다스릴 수 있는 능력도 주신다.

내 삶을 돌아봐도 예수님을 영접하고 성령을 받기 전의 모습과 지금의 모습은 하늘과 땅 차이다. 청소년기까지 나는 땅만 보고 다니고 얼굴에 웃음도 없었다. 그런데 내 마음에 예수님을 영접하고 성령을 받고 보니 기쁨과 평안과 소망이 솟아나게 되었다. 긍정적인 믿음과 기쁨이 들어오니까 웃음이 가득하고 리더십도 주어지게 되었다. 어떤 복잡한 상황도 불가능하게 여기지 않고 하나님의 지혜로 해결할 수 있다는 믿음이 주어졌다.

바벨론 왕 느부갓네살에 관한 성경의 기록은 교만 때문에 권좌에서 쫓겨난 사건과 회개를 통한 회복의 과정을 분명하게 보여 준다(단 4:30-37). 남유다를 멸망시킨 느부갓네살은 자신의 능력으로 식민지를 획득한 것이 아니라, 단지 하나님이 택하신 백성들을 징계하는 일에 도구로 사용된 것이었다. 그가 세계사에 한 획을 그을 만한 바벨론이라는 큰 제국을 자신의 능력과 권세로 건설하였다고 교만한 마음을 품은 순간 하나님은 그의 지혜와 총명을 가져가 버리셨다. 결국 느부갓네살은 왕의 자격을 잃고 쫓겨나 들판에서 짐승처럼 살게 되었다. 그렇게 7년이 지난 어느 날, 그는 다니엘이 믿었던 여호와 하나님이 참 하나님이심을 깨닫고 지극히 높으신 여호와 하나님을 찬양하게 되었다. 그 순간 느부갓네살에게서 떠나갔던 지혜와 총명이 돌아오고 신하들이 찾아와서 왕권도 회복하게 되었다.

우리가 가진 돈과 명예는 아무것도 아니다. 그것으로 인해서는 리더십이 생기지 않는다. 지혜와 리더십과 세상을 다스리는 능력은 하나님과 믿음의 관계 안에서 주어지는 것이다. 달리기 경주 내내 선두에서 앞서 달려도 마지막 지점 앞에서 넘어지면 실패하게 되는 것처럼 우리는 인생의 결승선을 통과하기까지 정신을 차리고 잘 마쳐야 할 것이다.

## 참된 기쁨과 사랑을 얻게 된다

하나님은 영원한 기쁨과 사랑의 근원이시다. 스데반 집사는 순교하는 그 순간에도 얼굴이 천사의 얼굴처럼 광채가 났다고 했다(행 6:15).

최초의 인간인 아담과 하와가 불순종하여 타락하기 전에는 그들의 내면에 기쁨이 충만하였고, 서로 간에도 사랑이 충만하였다. 하나님과 온전히 친밀한 연합을 이루었을 때 그들은 서로 온전한 사랑을 나눌 수 있었다. 그들 사이에는 그 어떤 것도 끼어들지 못했다(창 2:24-25).

그런데 아담과 하와가 마귀의 유혹에 넘어가 선악을 알게 하는 나무 실과를 먹자 하나님과의 믿음의 계약이 깨어졌다. 이 행위는 단순히 열매 하나를 먹은 것이 아니라 하나님을 의지하지 않고 자신의 힘으로 살아보겠다고 영적인 독립을 선언한 것이었다. 그때부터 서로 사랑했던 아담과 하와는 상대방을 탓하게 되었다. 하나님을 떠나고 믿음이 깨어지면 모든 인간 사이에 미움과 증오가 생긴다.

하나님을 떠나 멀리한 인간은 진정으로 사랑할 수 없고, 참된 삶의 기쁨과 행복을 누릴 수도 없다. 아담과 하와도 하나님과의 관계가 어긋나자마자 서로에게 책임을 전가했다. 미움과 증오로 서로를 대하는 파괴적 삶을 살았다. 그것이 자녀들에게도 유전되어 가인이 아벨을 죽이는 인류 최초의 비극적 살인 사건이 그 가정에서 일어나게 되었다(창 4:8).

인간에게는 진정한 사랑이 없다. 인간은 하나님 앞에 바로 서고 은혜를 받아야 비로소 사랑할 수 있다. 하나님이 우리의 마음속에 사랑의 영을 부어 주셔야 이기적인 마음이 바뀌고 예수님처럼 자신을 희생하며 섬길 수 있는 것이다. 독생자 예수님을 우리에게 내주신 그 사랑은 세상 전부를 충분히 덮고도 남는 크고 완전한 사랑이다.

하나님을 떠난 인간은 전적인 실패의 삶을 살 수밖에 없다. 2020년 5월, 미네소타 주 미니애폴리스에서 백인 경찰 데릭 쇼빈이 비무장한 흑인 조지 플로이드를 체포하는 과정에서 그의 목을 무릎으로 짓눌러 사망하게 한 사건이 있었다. 어째서 청교도 신앙에서 출발한 미국에서 오늘날 이렇게 강포한 사건들이 발생하는 것일까? 지도자가 그리스도의 향기를 발하지 못하고 복음의 문을 좁히고 있는 것은 아닌지 돌아볼 필요가 있다.

미국의 국경일은 월요일에 집중되어 있다. 토요일과 주일을 지나 월요일까지 계속 연휴를 보내라는 것이다. 하지만 믿음의 선조인 청교도들은 집을 짓기 전에 먼저 예배당을 지을 정도로 성전 중심의 신앙을 가졌고, 그 결과 하나님은 그들을 황무지와 같던 땅에서 세계를 선도하는 나라로 일으키셨다. 이렇게 축복을 받았던 그들이 섬김의 사명과 원리를 망각하고 점차 신앙으로부터 멀어져 비즈니스 마인드로만 일관한다면 당장에는 이득을 보는 것 같을지라도 국가적 리더십은 점차 쇠퇴할 것이다.

오늘날 하나님과 멀어진 그리스도인들 사이에서는 사랑 대신에 교리와 이념 논쟁만 가득하다. 싸워서는 세상을 이길 수 없다. 사랑이 없이는 절대 어떤 갈등도 해결할 수 없다. 모든 문제는 하나님께로 돌아오면 해결할 수 있다. 하나님이 우리를 끝까지 사랑하셔서 독생자 예수님을 내주신 것처럼, 그리스도인도 세상을 향해 사랑으로 자신을 내줘야 한다. 하나님의 말씀대로 원수까지도 품고 사랑할 때, 세상이 감동을 받아 마음을 열고, 하나님 앞으로 돌아오게 될 것이다.

## 치유와 회복이 일어난다

¹ 오라 우리가 여호와께로 돌아가자 여호와께서 우리를 <u>찢으</u>
<u>셨으나</u> 도로 낫게 하실 것이요 우리를 <u>치셨으나</u> 싸매어 주실
것임이라 ² 여호와께서 이틀 후에 우리를 살리시며 <u>셋째 날</u>에
우리를 일으키시리니 우리가 그의 앞에서 살리라 호 6:1-2.

위의 말씀 1절에서 '찢으셨으나'는 '이스라엘의 분열과 포
로 생활'을 의미하며, '치셨으나'는 '바벨론과 앗수르의 침략'
을 의미한다. 또 2절에서 '셋째 날'은 영적으로 예수 그리스도
의 부활을 의미하기도 한다. 예수 그리스도의 부활의 생명 안
에서 완전한 치유와 회복이 일어난다는 것이다.

여호와 하나님은 때로는 고난과 시련을 도구로 사용하셔
서 하나님이 선택한 백성을 찾기도 하신다. 하나님은 찢고 치
시는 하나님이기도 하지만, 낫게 하고 싸매어 주시는 하나님
이다. 하나님은 살리고 일으키시는 하나님이다.

우리는 힘써 하나님을 사모하며 그분의 품으로 돌아가야
한다. 인간은 하나님으로부터 출발한다. 하나님 안에서 생명
과 권능이 주어졌기에, 하나님을 떠난 인생은 아무것도 아니
다. 우리는 세상의 문제도 크게 보지 말아야 한다. 사실 인생
가운데 개인적인 문제나 가정적인 문제가 없는 시기는 한순

간도 없었다. 전 세계가 코로나 팬데믹을 지나 마지막 시대에 여러 어려움 속에 있지만, 오히려 "나에게 돌아오면 문제를 해결해 주고, 고쳐주고, 치유해 주고, 싸매어 주겠다"라고 우리를 부르시는 하나님의 음성을 들어야 할 것이다.

우리는 언제나 하나님의 성전을 향해야 한다. 이스라엘 백성들은 아이가 태어난 지 8일째가 되면 아무리 먼 타국에서 살더라도 반드시 성전을 찾아가서 예배를 드렸다. 성전 중심의 신앙을 가볍게 여기면 안 된다. 하나님 앞에서 바른 신앙생활을 위해 몸부림쳐야 한다. 구약의 말라기서에서 하나님은 "내게로 돌아오라"라고 말씀하신다. 이에 "어떻게 하여야 돌아가리이까"라고 묻는 백성들에게 곧바로 "십일조와 봉헌물"을 통해 바른 신앙생활을 하도록 가르치셨다(말 3:7-8). 온전한 십입조를 드린다는 것은 내 인생의 주인이 하나님이시며, 모든 소유의 출발이 하나님이심을 고백하는 것이다. 주일을 성수하며 예배하는 것도 시간의 십일조를 드리는 것이다.

우리 공동체, 우리 한국 교회는 어떻게 살아가야 할까? 첫째는 하나님께로 돌아가고, 둘째는 하나님을 힘써 알아야 한다. 호세아서 6장 3절 "우리가 여호와를 알자 힘써 여호와를 알자"에서 '알다'에 해당하는 히브리어 '야다'는 '경험적인 앎'을 의미한다. 우리가 어려울 때 하나님께 나아와 믿음을 점검하고 그분을 직접 경험하며 힘써 알아야 한다. 내 인생의 주인

이 하나님이심을 고백하며 신앙생활을 하고 있는지 점검하고
다시금 하나님 앞에 바로 서는 우리가 되어야 한다.

# 내가 틀렸다는 고백

⸺⸺⸺⸺⸺⸺⸺⸺⸺⸺⸺⸺⸺⸺⸺⸺○

디모데전서는 바울이 로마 감옥에서 석방되던 A.D. 62-63년경 다시 세계 전도 여행을 시작하면서 기록되었다. 일반적으로 디모데전서, 디모데후서, 디도서를 '목회 서신'으로 분류하는 이유는, 형식적으로는 사적 서신이지만 내용상으로는 '교회의 조직과 감독, 이단에 대한 경계, 교인들을 향한 윤리적 권면' 등 전반적인 교회 치리에 관한 목회 지침을 담고 있기 때문이다.

디모데전서의 수신인인 디모데는 당시 나이가 어렸고 소심하였기에 에베소교회를 목회하는 데 많은 어려움이 있었다고 한다. 이에 바울은 디모데에게 성령의 감동 안에서 영적 아비의 심정으로 위로와 격려를 한다. 그리고 어떤 도전과 위협에도 굴하지 말고 그리스도인의 삶의 자세를 견지함으로써 목회 사역을 감당해 나갈 것을 권면한다.

디모데전서는 2천 년이라는 시간을 뛰어넘어 오늘날에도 하나님의 일과 사역에 깊이 관여하는 모든 사역자와 성도들에게 좋은 지침서가 되어 준다. 교회 안팎에서 일어나는 삶의 다양한 상황 속에서 하나님의 일의 원리와 실천에 관한 가르침을 얻을 수 있다. 그렇다면 바울처럼 하나님을 깊이 만난 사람의 고백은 과연 어떠할까?

## 내가 틀렸다고 고백한다

하나님을 만나지 못한 사람과 만난 사람은 언어 생활에서 완전히 차이가 난다. 바울이 예수님을 만나기 전에는 그의 이름이 '큰 자'라는 뜻인 '사울'이었다. 그러나 예수님을 다메섹 도상에서 만나고 아라비아 광야에 가서 주님과 깊이 교제를 가진 이후 그의 이름은 '작은 자'라는 뜻의 '바울'로 자연스럽게 바뀌었다. 하나님을 만나기 전에는 자기 자신이 최고인 줄 알다가 하나님을 만나게 되면서부터 자신을 가장 작은 자로 보았으며, 입술에서 하나님(예수님, 성령님)을 자연스럽게 인정하고 높이는 변화가 일어나게 된다.

사실 바울은 삶의 이력에 비춰보았을 때, 스스로를 가장 크

믿음의 정석

고 위대한 사람으로 봐도 문제될 것이 없었다. 바울의 이력이 그만큼 대단했기 때문이다. 그러나 그는 하나님을 만난 이후로 그 모든 것을 예수 그리스도를 알아가는 데 있어서 배설물로 여겼다.

말 속에서 항상 '내가…'라는 말을 언급하며 자기주장만을 고수하는 사람은 하나님을 깊이 만나지 못한 사람이다. 그런 사람을 만나면 상대방이 하나님을 만나지 못해서 아직 인격과 인성이 여물어지지 않은 것으로 이해해야 한다. 하나님을 만나지 못한 사람은 항상 자신의 생각이 옳다고 생각하며, 주변 사람의 말을 잘 듣지 않는다.

바울도 하나님을 만나기 전에는 자기 생각이 옳다는 신념으로 예수 믿는 사람들을 모욕하고 핍박했다. 그것이 옳은 일이라고 생각하였으며 하나님이 기뻐하시는 행동이라고 확신하였다.

> 내가 전에는 비방자요 박해자요 폭행자였으나 도리어 긍휼을 입은 것은 내가 믿지 아니할 때에 알지 못하고 행하였음이라
>
> 딤전 1:13.

바울이 스스로 고백하고 있듯이 그는 예수 그리스도를 믿는 사람이 그 이름을 모독하기를 강요하던 사람이었으며, 예

수 그리스도를 믿는 자들을 끝까지 쫓아가서 괴롭히고 감옥에 잡아넣으며 살해하기까지 하는 잔인한 사람이었다. 게다가 다른 사람들을 모욕하고 창피 주는 일에서 만족을 얻으려고 하는 오만불손하고 잔인무도한 사람이었다.

그러나 주님을 인격적으로 만난 이후에 바울은 완전히 변했다. 그의 이름도 바뀌었지만, 그것보다 더 큰 변화는 자신의 연약함을 깊이 깨닫게 된 것이다. 자신의 생각이 틀렸고, 자신의 길도 틀렸으며, 자신의 신념도 틀렸음을 깨닫게 되었다.


## 내가 죄인이라고 고백한다

시몬 베드로는 어느 날 갈릴리 바닷가에서 고기를 잡다가 밤새 한 마리도 잡지 못했다. 어부로서 잔뼈가 굵은 베드로가 자신에게 익숙한 갈릴리에서 배와 그물을 가지고 밤새도록 고기를 한 마리도 잡지 못하게 된 것은 참으로 기이한 상황이다. 그런데 다음 날 아침 예수님의 말씀을 따라 순종하며 그물을 던졌더니 그물이 찢어질 정도로 많은 고기를 잡았다. 베드로는 그 순간 예수님의 무릎 아래에 엎드려 "주여 나를 떠나소서 나는 죄인이로소이다"(눅 5:8)라고 고백한다. 예수님을 만나자 자신이 얼마나 교만한 죄인인가를 깨닫게 된 것이다.

야곱은 형 에서의 위협이라는 상황 속에서 어쩔 수 없이 단독자로 하나님 앞에 서고, 그 밤에 삶의 풀리지 않는 문제 앞에 두 손 두 발 다 들고 하나님을 찾다가 하나님을 만난다. 얍복강 나루터에서 하나님은 그날 밤에 "네 이름이 무엇이냐?"(창 32:27)라고 하시며 야곱의 이름을 물으신다. 그의 이름을 몰라서 물으신 것이 아니다. 하나님은 야곱이 '에서'라는 풀리지 않는 큰 문제를 통해 자신의 진정한 자아를 발견하기를 원하셨다. 항상 잔꾀만 부리는 야곱을 통해서는 그 어떤 구원과 축복의 역사를 이루실 수 없었기에 하나님은 그날 밤에 야곱을 찾아오셔서 야곱 자신의 진정한 자아를 깨닫기를 원하셨던 것이다.

왕족 출신이었던 이사야 선지자는 부패한 정치 지도자들과 풍전등화와 같은 나라의 상황을 보며 울분을 견디지 못하고 하나님 앞에 호소했다. 웃시야 왕이 교만한 마음으로 제사장 직분을 침해하다가 나병에 걸려 사망하는 바람에 권력의 공백이 생겨 국가적으로도 위기의 상황이었다. 침통한 마음으로 성전에 있던 이사야 선지자는 하나님을 만나고 나서 진정한 자아를 발견하게 된다(사 6:5). 자신이 비판하던 백성들이 부정한 인생이 아니라, 하나님 앞에서 자신의 삶이 부정한 인생이었다고 고백했다. 이처럼 하나님을 만난 사람들은 하나님의 품 안에서 진정한 자아를 발견하고 깨닫는다.

바울도 역시 하나님을 만났기에 진정한 자아를 발견하게 됨으로써 "죄인 중에 내가 괴수니라"(딤전 1:15)라고 고백한다. 하나님을 만나기 전의 인생은 누구나 자신이 아니라 타인이 틀렸다고 생각하기 쉽다. 하나님을 떠나서 자신의 힘을 의지하며 살기를 선택했던 아담도 하와가 틀렸다고 했으며, 하와는 뱀이 틀렸다고 했다. 가인은 문제가 자신에게 있다고 보지 않고 아벨에게 있다고 보았다. 자신의 인생이 꼬인 것은 동생 아벨 때문이라고 생각했던 것이다. 그래서 급기야 동생을 죽여 인류 최초의 살인자가 되고 말았다.

인생은 하나님을 만나지 못하면 모두 실패하고 만다. 하나님을 떠난 인생은 자신을 잃어버리게 되며, 자신을 잃어버린 인생은 누구든지 어둠을 헤맨다. 바울이 스스로를 괴수라고 한 고백은 과거에 하나님을 몰랐던 자신의 삶을 돌아보면서 하는 고백이 아니다. 이것의 의미는 주님과 친밀할수록 자신의 진정한 죄성이 드러남으로써 내가 그 어떤 사람보다 죄인임을 깨닫고 고백하게 되는 것이다.

이 고백은 이론으로 배워서 알 수 있는 것이 아니다. 하나님을 만나고 진정한 자기 자아를 발견할 때 알게 된다. 강렬한 빛 속으로 들어갈수록 먼지와 허물이 선명하게 드러나게 되는 것처럼, 빛 되신 하나님을 가까이할수록 자신의 죄가 분명히 드러나기 때문에 비로소 예수 그리스도를 구원자로 붙들게 되는 것이다. 그렇게 할 때 하나님을 깊이 만나고 "저는 죄인입니다. 예수님 때문에 내 죄를 용서받았습니다. 예수님 때문에 나는 하나님의 자녀가 되었습니다"라는 고백을 하는 것이다.

## 모든 것이 은혜임을 고백한다

어떤 직분이든 그것을 맡은 것은 하나님의 은혜다. 또 직분을 잘 감당하게 된 것도 은혜다(딤전 1:12). 은혜는 자신의 노력이나 자격이 아닌, 하나님께로부터 거저 주어진 것이다. 구원받은 것은 전적인 하나님의 은혜다(딤전 1:15). 그리스도 예수께서 나에게 신앙과 삶의 롤모델이 되신 것은 은혜다.

그러나 내가 긍휼을 입은 까닭은 예수 그리스도께서 내게 먼저 일체 오래 참으심을 보이사 후에 주를 믿어 영생 얻는 자들에게 본이 되게 하려 하심이라 딤전 1:16.

다음 세대들을 위한 우리 교회의 여름과 겨울 사역도 하나님의 은혜로 진행되고 있다. 지난 청소년 성령 콘퍼런스에서 많은 청소년이 새벽 집회를 마치고 다음 오전 집회 시간에 앞자리에 앉기 위해 밥도 먹지 않고 3시간이 넘게 예배당 입구 앞에서 줄을 섰다고 한다. 이것을 어찌 내 능력이라 하겠는가. 오롯이 하나님의 은혜다.

어느 여름 어린이 성령 캠프에서 말씀을 전하기 위해 강단에 오르기 전에 기도로 준비하고 있는데 하나님은 나에게 "너를 던져라"라고 말씀하셨다. 그래서 하나님의 말씀대로 어린이들과 함께 뛰며 찬양하고 말씀을 전했다. 그런데 찬양 시간이 끝나고 성경 구절을 따라가며 어른들에게 설교하듯이 말씀을 전했는데도 어린이들이 자리를 이탈하지 않고 집중했고, 퀴즈를 내도 말씀을 다 기억하면서 대답했다. 가정에서 어린아이 한두 명만 집중시키는 것도 쉬운 일이 아닌데, 많은 아이가 말씀에 집중할 수 있는 것은 사람의 능력이 아니라 모든 것이 하나님의 은혜인 줄 믿는다.

## 모든 영광을 하나님께 돌린다

영원하신 왕 곧 썩지 아니하고 보이지 아니하고 홀로 하나이신 하나님께 존귀와 영광이 영원무궁하도록 있을지어다 아멘
딤전 1:17.

믿음의 정석

하나님은 영원한 왕이시다. 하나님 나라는 영원히 썩지도 쇠하지도 않는 곳이다. 그런 까닭에 하나님을 만난 사람은 이 땅이 아닌, 하나님 나라를 최고의 가치로 두고 산다.

하나님을 깊이 만난 사람일수록 사람들의 칭찬이나 소유에 연연하지 않는다. 해외에서 활약하고 있는 우리나라의 어떤 야구 선수는 정규 시즌에 던지는 공의 개수를 연봉과 비교해서 계산해 보니, 야구공 하나를 던질 때마다 약 1천만 원을 버는 셈이었다. 야구공을 100개 던지면 10억 원을 받게 되는 것이다. 또 한창 주가를 올리고 있는 우리나라의 축구선수도 연봉을 기준으로 계산해 보니 일주일 동안 아무것도 안 해도 3억 원씩 들어오는 셈이었다.

그러나 하나님 나라를 최고의 가치로 두고 사는 우리는 세상의 소유를 부러워할 필요가 없다. 썩지도 쇠하지도 아니하는 영원한 나라가 주어졌기 때문이다. 다시 오실 예수 그리스도가 계시기 때문이다. 하나님 나라의 기쁨과 생명을 소유한 백성으로서 하나님을 날마다 깊이 만나는 축복을 누릴 수 있어야 한다.

이 세상 사람들은 하나님을 깊이 만난 사람과 그렇지 않은 사람으로 나뉜다. 하나님을 만나지 못했던 바울도 하나님에 관하여 가르치기도 하였으며 좋은 학교에서 공부도 하고 높은 위치까지 올라갔다. 그러나 하나님을 인격적으로 만나지 못하였기에 그는 자신의 자아를 깊이 발견하지 못하고 수많은 사람에게 상처를 주고 핍박했다. 우리가 누군가에게 깊은 상처와 고통을 받았다면 그가 하나님을 만나지 못해서 그런 것으로 이해해야 한다. 하나님을 만난 사람은 진정한 빛을 만났기 때문에 빛 되신 하나님(예수님, 성령님) 안에서 자신의 죄악이 적나라하게 보일 수밖에 없다. 자신의 죄의 무게가 너무나 크기 때문에 예수 그리스도의 십자가 앞으로 나아가 진정으로 회개의 몸부림을 칠 수밖에 없다. 예수 그리스도의 십자가가 아니고는 아무도 죄의 무게를 감당할 수가 없기 때문이다.

이 시대를 사는 우리에게 가장 시급한 것은 하나님을 만나는 사건이 일어나야 한다는 것이다. 하나님을 만남으로 인해 회개 운동이 급속도로 일어나는 것만이 삶의 모든 문제를 해결하는 지름길이다.

인생의 모든 문제는 하나님을 만나지 못한 결과이다. 반대로 인생의 모든 문제의 해결은 하나님을 진정으로 만날 때 이루어진다. 진정으로 하나님을 만나는 날이야말로 "은혜받을 만한 때요, 구원의 날"(고후 6:2)이 되는 줄 믿어야 한다. 우리는 이 세상에 마음을 뺏기지 말고 하나님 나라를 지향하며 하나님을 만나는 것에만 주력하며 더욱 기도해야 한다.

"주님, 제 신앙이 회복되기를 원합니다. 하나님을 더 깊이 만나기를 원합니다. 진정한 자아를 깨닫기를 원합니다. 하나님 나라를 지향하고 모든 일에 하나님께만 영광 돌리기를 원합니다."

하나님의 은혜 속에 살아가는 사람일수록 "죄인 중에 내가 괴수라"라고 늘 고백하게 된다. 과거형의 고백이 아니라 현재에도 자신이 연약한 죄인임을 고백하며, 모든 것이 하나님의 은혜이고 가족과 모든 이웃과의 관계가 소중함을 깨닫기 때문이다.

# 하나님의 사랑은 현재진행형이다

————————————————————————————— ○

아가서는 모두 여덟 장으로 되어 있는 노래 형식의 말씀으로 '노래 중의 노래(Song of songs)'라는 뜻이다. 한 남자가 한 여인을 지독히 사랑하고 사모하는 마음을 표현하고 있기에 남녀 간의 사랑과 결혼이 주제처럼 보이기도 한다.

아가서가 표면적으로 연애시와 같은 내용을 다루고 있어서 일어난 해프닝도 있다. 한 남성이 너무나 사모하는 여인에게 청혼하였지만 마음을 열어 주지 않아 고민하던 중에, 아가서의 내용을 그대로 베껴서 편지를 보냈다고 한다. 그런데 편지를 받은 여성이 성경 구절인 것을 모르고 그 내용에 감동을 받아 결혼을 승낙했다는 이야기가 있다. 그러나 아가서가 하나님의 말씀인 정경(正經, Canon)으로 채택된 이유는 그 내용이 단순히 한 여인을 향한 한 남자의 세레나데여서가 아니다. 아

믿음의 정석

가서는 예수 그리스도와 구원받은 성도 간 사랑의 관계를 노래하는 영적인 비밀을 담고 있다.

성경에서는 예수 그리스도를 신랑으로, 구원받은 성도는 신부로 지칭하고 있다(요 3:29; 계 21:2, 9; 마 9:15, 25:10). 아가서의 저자인 솔로몬 왕은 신랑 되신 예수 그리스도를 예표(豫表)하며, 그의 사랑을 독차지한 여인은 구원받은 성도들과 교회를 의미한다.

아가서 말씀은 신랑 되신 예수님이 구원받은 믿음의 자녀들을 신부로 여기시되 어떤 마음으로 사랑하시는지를 잘 보여주고 있다. 그러므로 우리가 아가서를 묵상할 때 그 내용을 신랑 되신 예수님이 우리를 향해 속삭이는 사랑의 고백으로 받아들여야 한다. 그렇다면 예수님이 우리에게 속삭이시는 사랑의 고백에는 어떤 내용이 담겨 있을까?

## 나의 사랑아

하나님은 솔로몬이 사랑하는 한 여인을 향해 세레나데로 사랑을 고백한 것을 통해 신부 된 주의 백성들을 향한 하나님의 사랑의 마음을 표현하신다. 솔로몬이 여러 여인을 향해 고백한 것이 아니라 단수형 '나의 사랑'이라고 표현한 것처럼,

하나님은 우리를 한데 묶어서가 아니라 각자를 단수형으로 불러 주시고 사랑한다고 말씀하신다. 이 사랑은 생명까지도 바치는 '완전한 사랑'을 의미한다. 솔로몬이 한 여인을 향해 그토록 사랑을 고백한 것이 일반적이지 않은 것처럼, 만왕의 왕이신 예수님이 우리 각자를 사랑하고 계신다는 사실은 매우 특별하다.

결혼식에서 아버지가 사랑하는 딸을 신랑에게로 인도하여 주듯이, 우리도 성령님의 인도하심을 따라 주님이 재림하실 때 어린양의 혼인 잔치에 참여하게 되는 영광을 예표하는 것이 바로 '결혼 신학'이라고 할 수 있을 것이다. 죄인 된 우리가 어떻게 하나님의 사랑의 대상이 될 수 있으며, 하나님의 아들이신 예수님의 사랑스러운 순결한 신부가 될 수 있을까?

하나님의 사랑은 이타적이며 완전하다. 하나님은 하나밖에 없는 독생자를 희생시키면서까지 우리를 사랑하신다. 이 지구상에 '나 한 사람'밖에 존재하지 않았더라도 하나님은 당신의 아들을 나의 구원자로 보내셨을 것이다. 하나님이 부족하고 허물 많은 연약한 우리를 향하여 '나의 사랑'이라고 고백하신 것은 이 세상에 그 어떤 결핍을 가진 인생의 부족한 부분을 너끈히 채우고도 남는다.

사람은 사랑받기 위해 창조된 존재다. 하나님은 사람을 만드신 후에 "보시기에 심히 좋았더라"(창 1:31)라고 감탄사를 연

발하셨다. 하나님은 마음껏 사랑하시기 위해 인간을 만드셨고, 그 인간을 위해 우주를 창조하셨다. 그리고 인간을 창조하셨다. 하나님의 사랑은 완전하다. 사랑은 있는 모습 그대로 받아들이고 모든 허다한 허물을 덮어 주는 것이다.

미움은 다툼을 일으켜도 사랑은 모든 허물을 가리느니라 잠 10:12.

남녀 간의 사랑도, 가족 간의 사랑도 모든 허물을 덮어 주지는 못한다. 이 세상에 완전한 사랑은 없다. 그러나 하나님은 우리의 모든 허물을 사하시고 덮어 주신다. '나의 사랑아'라는 고백 속에는 '내가 너의 모든 허물과 부족한 부분을 덮어 주고 용서한다'라는 의미가 담겨 있다.

열등감이 많은 사람은 사랑을 충분히 받지 못한 사람일 수 있다. '자존감이 한없이 낮아서 열등감을 가지고 자신을 바라보는 사람은 상대방의 말 한마디로 인해 일희일비하는 삶을 산다. 그리고 극도의 분노를 표출하는 사람의 경우도 숨겨진 열등감이 원인일 수 있다.

우리는 만왕의 왕이신 예수님의 신부가 될 자격이 없다. 그런데 주의 사랑을 받는 신부가 된 것은 전적인 주의 은혜다. 사람의 사랑이 부족하고 처한 환경은 열악하다 할지라도 주의 사랑이면 충분하다. 그 사랑은 지금도 유효하다. 언제 어디서나 유효하다.

하나님의 사랑은 언제나 현재형이다. 하나님은 언제 어디서나 우리 각자의 모습 그대로 우리를 사랑하신다. 우리를 향한 하나님의 사랑이 절정의 상태로 표현된 분이 예수 그리스도이시다. 솔로몬은 왕이었지만, 사랑하는 여인을 위해 그녀가 있는 곳에 찾아갔다. 하나님은 우리를 너무나 사랑하셔서 허물 많은 우리가 있는 누추한 세상의 현장 밑바닥까지 찾아오셨다. 그분이 바로 예수 그리스도이시다.

사랑은 낮아지는 것이다. 사랑은 먼저 찾아가는 것이다. 사랑은 가장 귀한 것을 내주는 것이다. 사랑은 끊임없이 현재형으로 계속되는 것이다. 하나님이 오늘 이 시간 우리에게 고백하신다.

"나의 사랑아!"

우리는 하나님의 사랑의 대상이다. 솔로몬이 몸소 사랑하는 여인이 있는 곳까지 찾아간 것처럼 하나님은 우리 곁에 계신다. '내가 너를 사랑한다'라고 지금 말씀하신다.

## 하나님의 사랑은 한계가 없다

결핍이라는 한계 속에서는 온전한 사랑을 이룰 수 없다. 우리 민족은 아주 치열한 격변기를 보냈다. 일제 강점기를 거쳐 6·25전쟁과 보릿고개를 지나왔다. 이처럼 기성세대들은 생존이 걸린 무한 경쟁의 시대를 살아가다 보니 그들에게 사랑은 사치였다. 일도 빠르게 처리하고, 밥도 빠르게 먹고, 자녀에게도 사랑보다 성공이라는 목적을 추구하는 양육을 했기에 그들의 자녀들은 사랑이 무엇인지 모르고 성장했다.

그러나 우리는 걱정하지 않아도 된다. 사람이나 환경을 통해서 내가 받은 사랑이 부족할지라도 하나님의 사랑을 듬뿍 받으면 자존감이 무한히 올라가게 된다. 사람과 환경을 통한 사랑의 결핍이 있다면 하나님의 사랑을 경험해 보기 바란다. 하나님은 지금도 우리 한 사람 한 사람을 향해서 "나의 사랑아, 내가 널 사랑한단다"라고 말씀하신다. 이 사랑을 경험하면 모든 결핍을 가득 메우고도 남을, 사랑이 넘치는 삶을 살게 된다.

내가 지금 시무하는 교회에 부임하고 2년이 지났을 무렵, 한 장로님이 나에게 진지하게 물으셨다. "목사님은 세 살 때 아버지가 돌아가시고 할아버지와 할머니 밑에서 자라셨다는데 어떻게 매일 그렇게 행복할 수 있으신가요?"라고 말이다.

내가 항상 웃으며 기뻐할 수 있는 이유는 물론 조부모님의 큰 사랑을 받기도 했지만 하나님의 넘치는 사랑을 받았기 때문이다. 하나님의 사랑을 매일 넘치게 받으니까 내 안에 형성된 행복 DNA가 밖으로 표현되는 것이다.

다윗은 부모로부터 인정받지 못하는 성장기를 보냈다. 또 사울로부터 늘 목숨을 위협받았다. 그럼에도 다윗은 날마다 감사하고 기뻐하며 전심으로 하나님을 찬양했다. 그래서 그는 왕의 신분으로도 춤을 추었다. 이처럼 하나님의 사랑은 언제, 어디서나 현재형으로 역사하신다.

진정한 사랑은 인격적이다. 하나님의 사랑은 인격적이다. 요한계시록 3장에는 하나님의 인격적인 사랑의 모습이 표현되어 있다.

볼지어다 내가 문 밖에 서서 두드리노니 누구든지 내 음성을 듣고 문을 열면 내가 그에게로 들어가 그와 더불어 먹고 그는 나와 더불어 먹으리라 계 3:20.

위의 말씀은 영국의 화가 헌트(William Holman Hunt)가 1854년에 그린 '세상의 빛(the Light of the World)'에서 잘 형상화되었다. 이 작품의 원화는 영국 옥스퍼드의 케블 대학(Keble College) 내에 있는 예배당에 걸려 있고, 그 모사화는 성 바울 성당에 있다. 그런데 그 그림을 자세히 보면, 문고리가 안에만 있고 밖에는 없다. 그래서 그 문은 안에서만 열 수 있다. 예수님은 그 문을 열 수 있지만, 인격적인 분이기에 문밖에서 우리가 그 문을 열기를 기다리신다. 지금도 끊임없이 우리 마음의 문밖에서 문을 두드리시면서 사랑을 고백하고 계신다.

"나의 사랑아! 문 좀 열어 줄래? 내가 너를 사랑한단다. 너와 영원토록 함께 있고 싶구나!"

주님은 우리의 의사를 무시하시고 일방적이거나 강압적으로 사랑을 강요하지 않으신다. 우리 삶의 문을 부수고 우리 안에 들어오기를 시도하지도 않으신다. 우리가 우리의 마음 문을 열고 영접하기를 기다리신다.

십자가는 우리를 향하신 하나님 사랑의 절정이다. 십자가는 하나님의 우리를 향한 사랑의 고백이다.

## 나의 어여쁜 자야

왕이신 신랑은 사랑하는 여인을 향해 '나의 어여쁜 자야'라고 고백한다. 마귀는 우리의 자아상을 일그러지게 하거나 왜곡시킨다. 죄는 우리의 자아상을 건강하게 하기보다는 비뚤어지게 한다. 마귀의 이러한 유혹과 계략은 모두 거짓이다. 하나님의 음성만이 진실을 알려 준다. 하나님은 우리를 향해 우리 한 사람 한 사람을 너무나 아름다운 존재로 부르고 계신다. '너는 사랑스럽고 아름다운 존재'라고 끊임없이 부르고 계신다.

인생은 하나님 안에서 아름답다. 사람은 사랑받을 자격과 특권을 가진 존재다. 이것은 우리의 노력과 행위로 획득한 것이 아니라 오직 하나님의 은혜. 완전하신 하나님이 우리 각자를 그렇게 보시기에 우리가 아름다운 존재인 것이다.

자신이 '참 아름다운 존재'라고 여기는 사람이 얼마나 있을까? 우리는 끊임없이 자신을 비하하고 상대방을 깎아내리는 소리를 훨씬 많이 듣고 자랐다. 그래서 자존감이 낮은 사람들이 많다. 그래서인지 우리나라가 어느새 성형 왕국이 되었다. 하나님은 우리 모두를 하나뿐인 존재로 다 아름답게 만드셨는데, 미디어를 통해서 노출되는 미의 기준에 사로잡힌 것이다.

세상 소리에 속아서는 안 된다. 하나님은 우리 한 사람 한 사람을 창조하시고 보시기에 심히 좋았다고 하셨다. 하나님은 우리의 내면 또한 사랑하신다. 하나님은 우리 각자를 아름다운 존재라고 말씀하신다. 이것이 하나님의 진실한 고백이다. '너는 쓸모없고 가치 없는 존재야'라고 속삭이는 것은 마귀다. 우리의 존재 자체를 아름답고 귀하게 여기시는 하나님의 말씀을 붙들어야 한다.

많은 실패와 함께 부정적으로 들리는 말들이 우리를 위축시키곤 한다. 아담과 하와는 하나님과의 관계가 어긋났을 때 오히려 하나님의 사랑의 음성을 멀리하고 동산 나무 뒤에 숨었다. 인간은 하나님의 품을 떠나 살게 되면 자아상이 일그러지게 되고, 그로 인해 서로 미워하고 질시하며 증오 속에 살게 된다.

그러나 하나님은 우리를 사랑스러워하시며 아름답게 바라보신다. 그것이 사실이고 진실이다. 그것이 우리가 믿고 확신하고 받아들여야 하는 진정한 소리다. 하나님의 관점 안에서 비전을 바라보아야 한다.

하나님은 지금도 우리 각자에게 말씀하신다. "나의 사랑, 내 어여쁜 자야, 일어나 함께 가자!" 진정한 사랑은 사랑하는 대상을 일으키고 살린다. 진정한 사랑을 확신하면, 하나가 되고 함께하게 된다. 사랑을 확신하지 못하면 그 대상에게 나아가지 못한다. 여인이 "바위 틈 낭떠러지 은밀한 곳"(아 2:14)에 있었던 것처럼, 사랑의 음성 앞에서 숨는 것이 인간의 모습이다.

이 땅에는 우리를 의기소침하게 하는 것들이 너무나 많다. 그러나 참사랑은 움츠린 자들을 일으킨다. 그리고 다시금 희망과 비전을 향해 도전하게 한다.

나의 사랑하는 자가 내게 말하여 이르기를 나의 사랑, 내 어여
쁜 자야 일어나서 함께 가자 아 2:10.

위의 말씀 마지막 부분에 '함께'라는 표현이 나온다. 우리
는 혼자가 아니다. 예수님은 언제나 우리와 함께하기를 원하
신다. 그분은 우리의 영원한 신랑이 되시며, 영원한 내 편이
시다.

어린아이들은 어떤 실수를 하든지 부모님의 사랑을 의심
하지 않고 거침없이 다가간다. 그런데 왜 우리는 하나님의 크
신 사랑을 확신하지 못할까? 하나님은 우리를 있는 모습 그대
로 받아주시는 영원한 내 편이시다. 하나님의 참사랑은 누구
든지 다시 살려 일으키고, 쓸모없던 인생을 가치 있는 위대한
인생으로 만들어 준다.

미국의 리처드 닉슨 전 대통령의 특별보좌관이었던 척 콜
슨(Chuck Colson)은 워터게이트 사건으로 감옥에 수감되었다.
그런데 친구가 건네준 성경책을 읽다가 하나님을 만났고, 석
방된 후에는 감옥선교회를 창립하며 미국에서 존경받는 위대
한 사역자가 되었다. 이처럼 아무리 악명 높은 이름을 가진 인
생이라 할지라도 하나님의 사랑을 경험하면 완전히 변화할
수 있다.

사람은 사랑받을 자격과 특권을 가진 존재다. 그러므로 하

나님 안에 있을 때 비로소 아름다운 인생이 된다. 이것은 우리의 노력과 행위로 획득한 것이 아닌 전적인 하나님의 은혜다.

하나님의 사랑이면 충분하다. 많은 소유나 높은 사회적 지위를 추구하지 말고 늘 하나님의 사랑 안으로 들어가기를 바란다.

"나의 사랑, 내 어여쁜 자야. 일어나서 함께 가자."

이렇게 속삭이시는 하나님의 사랑의 말씀에 귀를 기울여 보자.